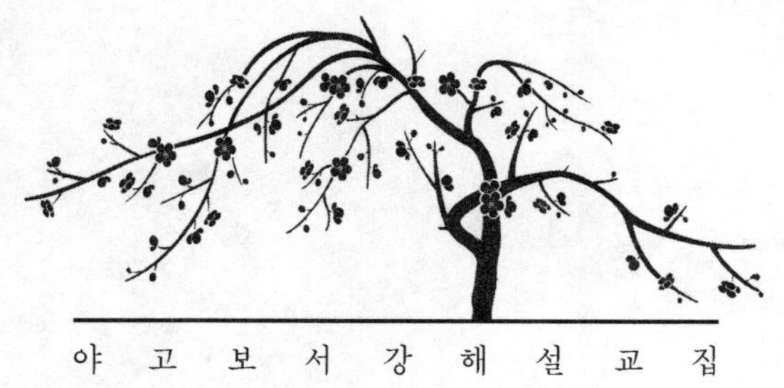

열매를 보면 지혜를 안다

권태진 목사

도서
출판 성빛

열매를 보면
지혜를 안다

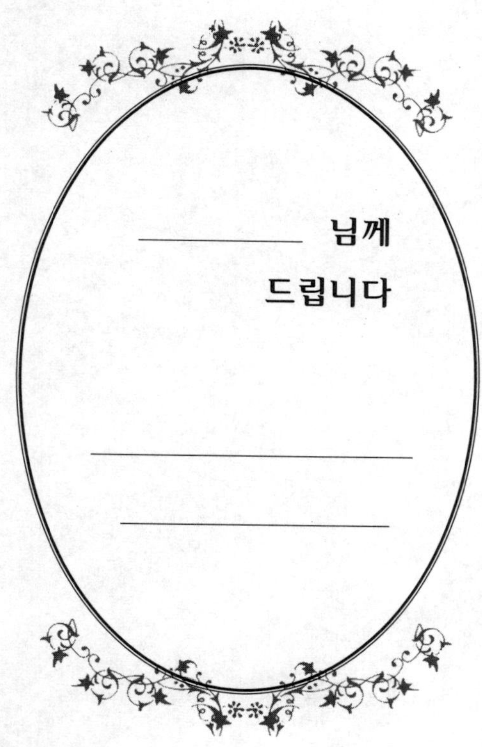

도서
출판 **성빛**

추 천 사

기독교 2000년의 역사는 신학자나 동교운동가의 역사이기보다는 설교자의 역사이다. 교회의 머리이신 그리스도 예수께서는 "회개하라, 천국이 가까이 왔다"고 설교함으로 교회를 시작하였다. 오순절 성령 강림 이후 3000명 또는 5000명이 넘는 사람이 회개하고 복음을 받아들인 사건도 바로 베드로의 설교 사역에 기초하고 있다.

이러한 베드로의 설교에 의하여 교회가 자라났고, 바울과 사도들의 설교에 의하여 이방인들이 교회로 돌아옴으로 교회가 확장되었다. 이러한 전통은 지금까지 이어져왔다. 초대 교회 당시 라틴 교회를 이끌어 온 교부 어거스틴(Augustine of Hippo)이나 동방교회의 지도자 교부 크리소스톰(Jone Chrysostom)이 바로 설교에 의하여 교회를 이끌어 왔다. 교회가 부정과 부패로 얼룩져 있던 중세 시대에 종교개혁의 봉화를 들었던 왈도(Pe회는 자라왔고, 시대적인 사명을 다하여 왔다. 그러므로 우리는 설교없는 교회나 교회 성장을 기대할 수 없다.

교회가 전해야 할 말씀은 인간의 지식이나 사고보다는 살아계시는 하나님의 말씀, 곧 천지는 없어지지만 일점일획도 불변하는 성경이어야 한다. 교회의 전통이나 인간의 이성적 판단을 가미해서는 안되며 성경의 저자이신 성령님의 의도를 파악하여 전파되어야 한다. 이를 위해서는 칼빈이 말한 것처럼 성경이 쓰여진 당시의 역사와 문화에 대한 이해가 있어야 하며, 전후 문맥을 파악하는 것이 필요하다. 곧 성경이 쓰여진 당시의 역사적 배경을 알고, 문법적인 의미를 파악할 때에 성경 저자의 의도에 가장 가까이 접근할 수 있게 됨으로 성경에 대한 자의적인 해석을 지양할 수 있고, 바른 설교가 가능하게 되는 것이다.

이러한 점에서 군포제일교회의 권태진 목사의 야고보서 강해 설교 『열매를 보면 지혜를 안다』는 한국교회에 널리 읽혀져야 할 설교라고 생각한다. 그는 성경을 해석할 때에 자의적인 해석을 피하려고 부단히 애를 쓰고 있으며, 본문에 충실하려고 노력하는 설교자로, 20여년전 군포에서 천막으로 교회를 시작하여 이제는 1,000여명이 넘는 교회로 성장시켜온 설교자요, 목회자이다. 그는 교회의 시대적 사명을 의식하면서 군포시노인복지회관을 운영하며 수 많은 노인들에게 그리스도의 사랑을 증거하고 있으며, 선교와 교육에 남다른 열정을 가지고 일하고 있다. 이러한 열매는 그의 신앙과 성경에 기초한 설교를 통하여 맺어진 결과이다.

한국 교회가 보다 성경적인 가르침에 충실하기 위해서는 말씀과 생활이 하나로 나타나야 한다. '믿습니다' 만 있고 생활이 없을 때, 맛을 잃은 소금 처럼 세상 사람들에게 짓밟히는 수모를 당할 수 밖에 없다. 따

라서 필자는 권태진 목사의 『열매를 보면 지혜를 안다』가 멀리 읽혀져
서 말씀이 생활로 열매 맺기를 소원하며 한국 교회의 질적인 성장이 앞
당겨지길 기대한다.

합동신학대학원대학교 목회대학원장

서 문

예수 그리스도의 종된 야고보의 아름다운 삶이 푹 배여 있는 편지를 읽을 때면 성도들의 생활을 예리하게 보고 승리하는 하나님 백성의 참맛을 잊어버리지 않기를 원하는 사도의 모습을 닮고자 하는 충정에서 야고보서 강해를 시작했다. 그러나 생각과는 달리 연약한 부분이 보여져 망설이다가 주일설교를 풀어 한 권의 책으로 묶게 되었다.

감사하기는 이 말씀을 듣고 삶에 적용한 성도들의 삶이 변했고, 일천 명의 성도로 시립노인복지회관을 운영할 수 있는 결집된 힘이 생겨났다. 참된 경건에 대한 말씀이 전파될 때는 "하나님 아버지 앞에서 정결하고 더러움이 없는 경건은 곧 고아와 과부를 그 환난중에 돌아보고 또 자기를 지켜 세속에 물들지 아니하는 이것이이니라"(약 1:27) '아, 우리 교회가 할 일을 하고 있구나' 하는 자부심이 온 교우들의 마음에 촉촉히 배어들기도 했다. 또 혀의 위력을 들었을 때는 말 조심하는 이들이 생겼고, 생각없이 말을 함으로 상대의 마음에 상처를 입힌 이도 치료되어 긍정적인 말, 고운 말을 함으로 환경이 좋아졌다.

야고보서 말씀은 택한 백성의 아름다운 삶과 하나님의 도덕의 기준 등을 잘 말해 주어서 읽는 이들이 말씀에 위로받고 위로부터 난 지혜로 세상적 지혜를 분별하게 될 것을 믿어 기쁨이 충만하다.

서문에서 몇 가지를 꼭 말하고자 한다. 첫째, 하나님의 은혜로 사는 것을 잊지 말자. 둘째, 사람은 사랑의 대상일 뿐 믿음의 대상이 아니다. 셋째, 주의 종으로 고독한 중에 주님을 뵙고 기도하면서 결정할 것이지, 사람과 상의 하지 말 것을 권한다. 넷째, 밖으로 알려지는 것보다 더 중요한 것은 가정에서의 어머니처럼 온 가족에게 소중히 여김을 받는 것을 선택하라고 충고하며 이 일을 위해 매일매일 말씀을 묵상하며 기도할 것이다.

분주한 가운데서도 추천서를 써 주신 합동신학대학원대학교 목회대학원장 오덕교 교수님과 이 설교집이 나올 수 있도록 기도해 준 군포제일교회 성도들과 교정과 편집을 위해 수고한 김규현, 백은성, 정기영, 권연순 전도사와 이경복 집사에게 감사하며 하나님의 주신 달란트를 감당하는 모습을 보면서 하나님의 축복이 있으리라 믿고 칭찬을 아끼지 않는다.

1999. 8.   .

3층 기도실에서　전 태 선　목사

목 차

1

온전히 기쁘게 여길 일들

"하나님과 주 예수 그리스도의 종 야고보는 흩어져 있는 열두 지파에게 문안하노라. 내 형제들아 너희가 여러 가지 시험을 만나거든 온전히 기쁘게 여기라 이는 너희 믿음의 시련이 인내를 만들어 내는 줄 너희가 앎이라 인내를 온전히 이루라 이는 너희로 온전하고 구비하여 조금도 부족함이 없게 하려 함이라 너희 중에 누구든지 지혜가 부족하거든 모든 사람에게 후히 주시고 꾸짖지 아니하시는 하나님께 구하라 그리하면 주시리라 오직 믿음으로 구하고 조금도 의심하지 말라 의심하는 자는 마치 바람에 밀려 요동하는 바다 물결 같으니 이런 사람은 무엇이든지 주께 얻기를 생각하지 말라 두 마음을 품어 모든 일에 정함이 없는 자로다"(약 1:1-8)

온전히 기쁘게 여길 일들

사람이 어디에 속하여 사느냐에 따라 삶의 질도 달라지고 그 열매도 달라집니다. 누구에게 속했느냐에 따라 관심과 기쁨의 차이도 있을 것입니다. 우리가 믿고 있는 예수님께 속하고 예수님을 믿고 예수님을 바라보는 자는 물위로 걸어갈 수 있는 능력이 베드로에게 주어진 것처럼 어려운 현실, 낙심할 수밖에 없는 현실, 미워할 수밖에 없는 사람, 죽을 수밖에 없는 상황 속에서도 사랑할 수 있고, 견딜 수 있고, 승리할 수 있습니다. **이것이 창조적인 사람이요 주님께 속한 사람들의 모습입니다.** 할렐루야!

믿음이 없어서 환경의 지배를 받고 사는 사람들은 변화와 가치와 사랑이 없는 세상에서 사랑이 없다고 탄식할 뿐만 아니라, 그 자신이 사랑 없는 사람이 되어 버려서 가정도 깨어지고 자기 인생도 망쳐버리는 사람들이 한 두 명이 아닙니다. 그러나 우리를 구원하는 하나님의 성령에 힘입어서 살게 되면 그는 창조적인 사람이 되고, 그는 땅에 살면서 많은 사람들을 사랑할 수 있고 사별의 아픔 속에서도 '며칠 후 요단강 건너가 천국에서 만납시다' 라는 천국의 소망을 가지고 찬송할 수 있는 넉넉한 마음을 가질 수 있습니다.

어제 TV를 보니까 한 이단 교주에 빠진 어머니를 사랑하는 자녀가 찾아왔는데 교주와 함께 그 엄마가 딸을 죽였다는 소식을 전하였습니다. 이단에 빠지고 악령에 빠지게 되면 언제든지 사람들 미워하게 되고 자기를 과잉 방어하게 되며 상대를 '이단'이라 하고 '마귀'라고 이야기합니다. 자기가 마귀인데 자기 속에서 지금 어떤 문제가 일어나고 있는데, 문제를 자기로부터 찾는 것이 아니라 상대에게서 찾아내서 상대를 이단으로 여기는 것이 악령에 사로잡힌 자의 특징입니다. 세상에는 이러한 악령에 사로잡힌 사람들이 예상 외로 상당히 많습니다.

그러나 성령에 사로잡힌 자는 항상 사람을 사랑합니다. 여러분 성령에 사로잡혀 성경의 말씀대로 사는 저와 여러분이 되기를 주의 이름으로 축원합니다.

오늘부터 야고보서를 몇 주간 강해하게 됩니다. A.D 약 60년경에 예수 믿는 많은 사람들이 핍박을 받았습니다. 예수님 돌아가신 후 초대교회가 시작되면서부터 모진 핍박을 받았습니다.

성령의 능력을 받은 사람들이 예수 그리스도가 하나님의 아들이라고 전한 후부터 그 복음을 반대한 제사장들과, 서기관들과, 바리새인들이 핍박을 했습니다. 이러한 핍박을 견디지 못해서 이동네 저동네로 사람들이 흩어져 살게 되었습니다.

그런데 하나님께서는 하나님을 섬기고 예수님을 믿다가 핍박을 받아 이곳 저곳에 흩어진 사람들에게 관심을 가지기 시작했습니다. 사실은 그때뿐만 아니라 구약시대에도 하나님은 믿음의 조상들을 통하여 태어난 후손들에게 관심을 가지셨습니다. 그 관심이 하나님의 손에 붙들려 있는 야고보 사도를 통하여 나타났습니다. "하나님과 주 예수 그리스도의 종 야고보는 흩어져 있는 열두 지파에게 문안하노라"(약 1:1).

여러분! 많은 사람들이 무엇인가의 종으로 살고 있습니다. 어떤 사람은 물질의 종, 어떤 사람은 권력의 종, 어떤 사람은 쾌락의 종, 어떤 사람은 자기의 종, 어떤 사람은 마귀의 종으로 살고 있습니다. 앞서 말씀드린 자기의 사랑하는 딸을 죽이기까지 한 그 여자는 마귀의 종입니다. 마귀가 시키는 대로 사랑하는 딸을 칼로 죽였던 것입니다. 또 돈 때문에 자기 남편을 청부 살인한 어떤 여인은 물질의 종이요, 마귀의 종입니다. 종이라고 하는 것은 주인 시키는 대로 하는 것이 종 아닙니까?

본문의 야고보 사도는 말하기를 자신을 하나님의 종으로 표현합니다. 야고보 사도의 '종'이란 표현은 주님에 대한 헌신과 겸손을 보여주는 것입니다. '나는 예수님 앞에서는 의지가 필요 없습니다. 나는 예수님 앞에서 내 생활이 필요 없습니다. 나는 예수님 안에서 내 소유가 있을 수 없습니다. 나는 종입니다. 나는 주인이 시키는 대로 하고, 주인의 생각이 나의 생각이며, 나의 모든 것은 주인의 것입니다' 라는 그런 고백이 하나님과 주 예수 그리스도의 종이라고 하는 표현 속에 다 들어 있습니다.

그러면 하나님의 관심은 어디에 있나요. 흩어져 있는 무리들에게 하나님의 관심이 있습니다. 야고보 사도는 하나님의 관심대로 흩어져 있는 무리들에게 문안하는 편지를 오늘 본문 말씀을 통해서 하고 있는 것입니다.

사랑하는 성도 여러분! 하나님은 여러분과 저에게 관심을 가지고 계신다는 사실을 믿게 되기를 주의 이름으로 축원합니다.

시험 속에서 하나님의 사랑을 깨달아야 합니다

"너희가 여러 가지 시험을 만나거든 온전히 기쁘게 여기라 이는 너희 믿음의 시련이 인내를 만들어 내는 줄 너희가 앎이라 인내를 온전히 이

루라 이는 너희로 온전하고 구비하여 조금도 부족함이 없게 하려 함이라"(약 1:2-4)

저는 예수님을 믿고 나서 예수님을 믿으면 문제가 없는 줄 알았습니다. 예수 믿는 사람들이 어려운 일을 당하는 것을 보면 '하나님이 눈 감으셨나?', '하나님이 저 사람을 사랑하지 않는 것이 아닌가?' 이런 생각을 잠시 한 적이 있었습니다.

그런데 성경을 자세히 보니까 하나님을 잘 믿는 사람들이 많은 시험을 당했습니다. 그들이 왜 시험을 당하는 것인가 생각해 보니까 세상과 타협하지 않기 때문에 시험을 받는 것이었습니다.

이러한 시험을 예수 그리스도도 많이 당하셨습니다.

하나님께서 여러 가지 시험을 허락한 이유가 있는데 그것은 우리에게 유익하기 위하여 시험을 주신다는 것입니다. '시험'이란 말 대신 '훈련시킨다'는 말을 써도 됩니다. 믿음의 시련은 다 우리에게 유익하다고 했습니다. 주 안에서 의 때문에 오는 시험은 다 유익하다는 것입니다. 예수님의 산상수훈에도 그런 말을 하고 있어요. "의를 위하여 핍박을 받은 자는 복이 있나니 천국이 저희 것임이라 나를 인하여 너희를 욕하고 핍박하고 거짓으로 너희를 거스려 모든 악한 말을 할 때에는 너희에게 복이 있나니 기뻐하고 즐거워하라 하늘에서 너희의 상이 큼이라 너희 전에 있던 선지자들을 이같이 핍박하였느니라"(마 5:10-12) 오늘 야고보가 말하는 여러 가지 시험은 신앙 때문에 외부로부터 오는 고난과 환난을 의미합니다. 그럴 때 우리는 낙심하지 말고 하나님을 더욱 사랑할 수 있는 실력을 많이 키우게 되기를 주의 이름으로 축원합니다.

온전히 인내해야 합니다. 예수 믿는 사람은 잘 참아야 합니다. 그렇게 될 때 부족함이 없는 넉넉한 삶이 위로부터 우리에게 임합니다. 예수 믿는다고 이해하지 못할 때 부부간에 갈등도 올 수 있고 고부간에 갈등도 올 수 있습니다. 그러나 그리스도의 사랑을 가지고 인내하다 보면 좋은 날이 오게 될 것입니다. 여러분! 하나님의 말씀대로 살다가 고난이 있으면 그것은 유익한 것입니다. 그러나 욕심에 끌려서 욕심을 채우려다 고난을 당하는 것은 벌입니다. 그런 사람은 회개하고 예수님을 바라보아야 합니다. 바울 사도 같은 사람도 고난을 많이 받았습니다. 그러나 바울은 고난이 올 때마다 하나님 나라의 상급을 바라보면서 기뻐하며 즐거워하면서 많은 사람들의 영혼 구원을 위하여 한 생명을 드렸습니다. 모세는 사랑하는 자기의 동족을 도와 주려다가 동족에게 배신당하여 광야로 쫓겨나는 신세가 되었습니다. 그러나 그는 이스라엘의 대 영도자가 되었습니다.

요셉이라고 하는 사람은 형들에게 배신당해 벌거벗겨 애굽으로 팔려가는 신세가 되었습니다. 그러나 그는 하나님을 끝까지 믿었습니다. 요셉은 왜 미움을 받았나요? 요셉의 꿈때문이었습니다. '하나님께서 나를 축복할 것입니다. 하나님께서는 내 재산을 당신보다 많게 할 것이고 하늘의 열 한 별까지도 나에게 굴복하게 할 것입니다.' 이런 비젼을 말함으로 형들에게 미움을 받은 요셉이었습니다. 여러분! 믿음 때문에 당하는 시련과 고통은 다 의로 연결된다는 것을 알고 그 고통이 올 때마다 오늘 성경이 말한 대로 온전히 기쁘게 여기는 저와 여러분이 되기를 주의 이름으로 축원합니다.

지혜의 부족한 것을 하나님께 구하라

"너희 중에 누구든지 지혜가 부족하거든 모든 사람에게 후히 주시고 꾸짖지 아니하시는 하나님께 구하라 그리하면 주시리라"(약 1:5)고 했습니다. 이 말씀이 얼마나 은혜스러운지 모릅니다. 여러분은 부족한 것이 없으세요? 저는 시간이 지나면 지날수록 저 자신이 너무 부족하다는 것을 깨닫습니다. 생각해 보면 30대에는 지식이 부족했어요. 영력이 부족했고 지식이 부족해서 산에 가서 금식하고 공부한다고 쫓아 다녔어요. 또 40대에는 열심히 일하려고 하니까 시간이 없어요. 몸은 하나인데 갈 곳은 많더라고요. 그리고 요즘 좀 더 열심히 하려고 하니까 건강이 부족해요. 이제는 할 줄 아는 방법은 아는데,-누군가를 만나게 되면 그 사람의 가정의 문제라든지, 인생을 어떻게 살면 좋다는 것을 알고 있는데,-건강이 부족해서 쭈그리고 앉아 있을 때가 있어요.

여러분! 인생은 부족에서 시작해서 부족으로 끝납니다. 그러나 이런 부족한 것만을 보고 '나는 할 수 없어' '나는 부족해' 하면서 마냥 앉아 있는 것이 아니라, 부족한 중에서도 먼저 할 일과 나중에 할 일, 먼저 사랑해야 할 것과 나중에 사랑해야 할 것을 깨달을 수 있도록 지혜를 달라고 하나님께 기도하는 것이 바람직합니다. 지혜가 부족하거든, 판단력이 부족하거든, 생각이 부족하거든, 무엇을 해야 할까 알지 못하고 방황하고, 이것도 저것도 안 된다고 생각이 될 때, '에이 될 대로 되라' 그게 아니고, 하나님 앞에 엎드려 '하나님 저는 지혜가 부족합니다. 나에게 은혜를 주세요' 라고 기도하는 저와 여러분이 되기를 주의 이름으로 축원합니다.

그런데 지혜가 부족하지 않다고 생각하는 사람들이 많이 있어요. 부족한 사람인데도 부족하지 않다고 생각하는 사람들이 있습니다. 성경에 지혜 없는 사람을 이야기하는 데도 있고, 지혜 있는 자에 대하여 이야기하는 데가 있어요. 야고보서 3장에 보면 이런 말이 있습니다. "너희 중에 지혜와 총명이 있는 자가 누구뇨 그는 선행으로 말미암아 지혜의 온유함으로 그 행함을 보일지니라 그러나 너희 마음속에 독한 시기와 다툼이 있으면 자랑하지 말라 진리를 거스려 거짓하지 말라 이러한 지혜는 위로부터 내려온 것이 아니요 세상적이요 정욕적이요 마귀적이니"(약 3:13-15)

하나님이 주신 지혜가 있고 세상이 주는 지혜가 있어요. 마귀적이고 정욕적인 지혜가 있는데, 정욕적이고 마귀적이고 세상적인 것은 시기를 잘합니다. 시기하는 사람은 지혜가 없는 사람입니다, 한 번 따라 하실까요 '시기하는 사람은 지혜가 없는 사람이다' 부부간에는 시기가 있을 수 없어요. 옛말에 '사촌이 땅을 사면 배 아프다'는 말이 있죠. 지혜가 있는 사람입니까? 없는 사람입니까? 없는 사람입니다. 아주 정욕적이고 세상적이고 마귀적입니다. 여러분! 사촌이 땅을 사면 춤을 추어야 합니다. 부부 중에 한 사람이 자꾸 올라가면 더 기뻐해야 합니다. 성도 중에 한 사람이 나보다 더 쓰임을 받으면 박수를 보낼 수 있어야 합니다. 그러나 이것이 하루 아침에 이루어지는 것은 아닙니다.

저도 과거에 개척할 때 옆 교회가 부흥한다고 하면 속이 상하더라고요. 그래서 우리도 빨리 따라가야겠다고 생각한 적이 있었어요. 그런데 지금은 아닙니다. 옆 교회가 부흥하거나 옆 교회 목사님을 칭찬하면 '그래요 훌륭하지요'라고 말합니다. 옆 교회가 부흥하는데 배 아플 이유가 뭐가 있어요? 하나님이 기뻐하세요. 믿습니까? 옆 성도가 신앙생활 잘하는데 왜 내가 시기를 해야 합니까? 사촌이 땅을 사면 농사 잘 지어서 밥 한 그릇 잘 얻어먹을텐데 무엇 때문에 시기합니까? 우리 마음속에 시기가 들어오고 다툼이 생기면 지혜가 없는 사람입니다. 하나님의 역사는 화평이요, 하나님의 역사는 화목이요, 하나님의 역사는 사랑입니다. 그래서 성경은 말합니다. "여호와를 경외하는 것이 지식의 근본이어늘 미련한 자는 지혜와 훈계를 멸시하느니라"(잠 1:7) "곧 지혜가 네 마음에 들어가며 지식이 네 영혼에 즐겁게 될 것이요"(잠

2:10) "여호와를 경외하는 것이 지혜의 근본이요 거룩하신 자를 아는 것이 명철이니라"(잠 9:10) 여호와를 경외하는 사람, 그 말씀에 의지해서 사는 지혜 있는 사람이 되어서 지혜로운 그 길을 꼭 가는 여러분이 되시기를 주의 이름으로 축원합니다.

우리가 지혜라는 말을 할 때 생각나는 왕이 있죠. 지혜의 왕 솔로몬입니다. 솔로몬이 왕이 된 후 일 천 번제를 드렸습니다. 그때 하나님이 기브온에서 밤에 솔로몬의 꿈에 나타나셔서 이르시되 '솔로몬아! 내가 네게 무엇을 줄꼬 너는 구하라' 하였더니, 솔로몬이 하나님께 대답하기를 '하나님이여 하나님께서 이 부족한 종을, 출입을 알지 못하는 아이와 같은 나를 다윗을 대신하여 이스라엘의 왕이 되게 하셨습니다. 그러나 그 백성의 수효가 많아서 셀 수가 없고, 기록할 수도 없사오니 하나님, 나에게 이 백성을 잘 인도할 수 있는 왕이 되게 하시고 이 백성을 잘 재판할 수 있는 지혜를 주세요' 라고 기도했습니다. 그랬더니 하나님께서 솔로몬을 보시고 '그래! 네가 자기를 위하여 장수도 구하지 아니하며 부도 구하지 아니하고 원수의 생명 멸하기도 구하지 아니하고 내가 맡긴 그 일을 위하여 지혜를 구하니 내가 지혜도 주고 장수도 주고 물질도 주고 모든 것을 주겠다' 라고 했습니다(왕상 3:4-15).

하나님이 솔로몬에게 지혜를 준 다음에 한 사건이 생겼습니다. 두 여인이 같은 때에 아기를 낳습니다. 한 여인이 잠을 자다가 자기 아기를 죽였습니다. 아침에 일어나서 보니까 애가 죽어 있었습니다. 옆에 자고 있는 다른 여인의 아기는 새록새록 자고 있었습니다. 그래서 자신의 죽은 아기를 갖다 놓고 산 아기를 가져왔습니다. 다른 한 여인이 아침에 일어나서 보니까 자기 아기가 죽어 있습니다. 가만히 보니까 자기 아기가 아니였습니다. 그래서 왕에게 호소합니다. '왕이여 제가 아침에 자고 일어나니까 저 여인이 자기 죽은 아이를 나에게 갖다 놓고 산 내 아기를 가져갔습니다.'라고 고소했습니다. 지금 같으면 간단하죠. 피검사하면 끝나잖아요? 그때는 피검사도 못했고 유전자 검사도 할 수 없었습니다. 난리가 났습니다. 너무 너무 어리기 때문에 얼굴보고 구별할수 없었습니다. 두 여인은 서로 자기 아기라고 다투는 것이었습니다. 그때 솔로몬이 지혜를 썼습니다. 산 아기를 갖다 놓고서 '칼을 가져오너라. 칼. 칼. 칼을 가져오너라. 그리고 쪼게. 쪼게라. 머리에서 발끝까지 반을 쪼게라.' 그러니까, 진짜 어머니가 쪼게라고 하겠어요? 안 쪼갭니다. 진짜 어머니는 '왕이여. 저 여인에게 주고 제발 죽이지는 마십시오.'라고 했습니다. 그러자 다른 여인은 똑같이 나누게 쪼게라고 했습니다. 왕은 진짜 어머니를 구별했습니다. 죽이지 말라고 간청했던 여인이 산 아기의 진짜 어머니였습니다. 이 솔로몬의 재판이 얼마나 유명합니까? 이것이 바로 하나님께서 주시는 지혜입니다.

그렇다면 우리가 가정 생활을 할 때 솔로몬이 나라를 잘 다스리기 위해 기도했듯이, 아내들은 가정 생활을 잘하기 위해 기도해야 합니다. 아내로서 남편에게 어떻게 잘 할 것인가를 기도해야 합니다. 또 집사님과 임명받은 교사들은 그리고 교역자들은 하나님께서 맡기신 일을 잘 감당하기 위하여 내가 어떻게 할꼬?'라고 기도해야 합니다. 교수하시는 분은 어떻게 효과적으로 교수할 것인가를 위하여, 직장 다니시는 분은 내가 어떻게 직장생활을 잘 할 것인가를 위하여 지혜를 달라고 하나님께 기도 한다면, 하나님께서는 여러분이 어떤 상황에 처했든지 그때 그때 그 문제를 풀 수 있는 지혜를 주신다는 것을 믿으시길 주의 이름으로 축원합니다.

믿음으로 구하고 조금도 의심하지 않는 자에게 주십니다

"오직 믿음으로 구하고 조금도 의심하지 말라 의심하는 자는 마치 바람에 밀려 요동하는 바다물결 같으니 이런 사람은 무엇이든지 주께 얻기를 생각하지 말라 두 마음을 품어 모든 일에 정함이 없는 자로다"(약 1:6-8) 하나님을 온전히 사랑하는 자에게 지혜를 주시고, 간절히 기도할때 의심하지 말아야 응답이 된다는 것입니다. 여러분! 흔들리지 않는 믿음을 가지시길 주의 이름으로 축원합니다.

그런데 교회에 오면 주님을 사랑하는 마음, 세상에 가면 세상을 사랑하는 마음 두 마음으로 사는 사람이 많이 있어요. 그러나 교회에 와서 가지는 이 마음을 가지고 세상에 가서 사는 것입니다. 못살 것 같죠? 성령이 함께 하시면 세상에서도 얼마든지 살 수 있습니다. 두 마음을 품어 모든 일에 정함이 없는 것이 아니라, 두 마음 대신에 그리스도의 마음을 가지고 온전히 기도하면서 성경의 약속을 그대로 믿어야 됩니다. "구하라 그러면 너희에게 주실 것이요 찾으라 그러면 찾을 것이요 문을 두드리라 그러면 너희에게 열릴 것이니"(마 7:7). 육안을 통하여 보지말고 영안을 열고 아브라함처럼 믿음으로 하나님께 인정받고 무(無)에서 유(有)를 창조 하시길 바랍니다. 이땅에서 만나는 시험은 진정 기쁨의 씨앗입니다. "의를 위하여 핍박을 받은 자는 복이 있나니 천국이 저희 것임이라 나를 인하여 너희를 욕하고 핍박하고 거짓으로 너희를 거스려 모든 악한 말을 할 때에는 너희에게 복이 있나니 기뻐하고 즐거워하라 하늘에서 너희의 상이 큼이라 너희 전에 있던 선지자들을 이같이 핍박하였느니라"(마 5:10-12).

여러분! 하나님으로부터 지혜를 얻고, 지혜를 구해서 인생의 성공자로, 예수 안에 있는 자로, 영원한 생명을 얻은 자로, 승리하시길 주의 이름으로 축원합니다.

희망의 새해

물안개처럼 피어오르는 안개가

말끔히 걷혔습니다

칠흑 빛이

하얗게 바래이며

동녘의 태양이

힘차게 떠올라

고통과 좌절, 질병을

나의 곁에서 몰아갔습니다

분노와 서운함도

다 없어졌습니다

새해 새날에

피어나는 소망따라

행복의 열매

맺힙니다

님이 나리우신

새날에는

감사와 찬양 진리 순종으로

건강 형통이 임할 것입니다

영원한 님의 품안에서

성공의 한 해가 될 것입니다.

2

구원 받은 자의 지식

"낮은 형제는 자기의 높음을 자랑하고 부한 형제는 자기의 낮아짐을 자랑할지니 이는 풀의 꽃과 같이 지나감이라 해가 돋고 뜨거운 바람이 불어 풀을 말리우면 꽃이 떨어져 그 모양의 아름다움이 없어지나니 부한 자도 그 행하는 일에 이와 같이 쇠잔하리라 시험을 참는 자는 복이 있도다 이것에 옳다 인정하심을 받은 후에 주께서 자기를 사랑하는 자들에게 약속하신 생명의 면류관을 얻을 것임이니라 사람이 시험을 받을 때에 내가 하나님께 시험을 받는다 하지 말찌니 하나님은 악에게 시험을 받지도 아니하시고 친히 아무도 시험하지 아니하시느니라 오직 각 사람이 시험을 받는 것은 자기 욕심에 끌려 미혹됨이니 욕심이 잉태한즉 죄를 낳고 죄가 장성한즉 사망을 낳느니라 내 사랑하는 형제들아 속지 말라 각양 좋은 은사와 온전한 선물이 다 위로부터 빛들의 아버지께로서 내려오나니 그는 변함도 없으시고 회전하는 그림자도 없으시니라 그가 그 조물 중에 우리로 한 첫 열매가 되게 하시려고 자기의 뜻을 좇아 진리의 말씀으로 우리를 낳으셨느니라"
(약 1:9-18)

구원 받은 자의 지식

람마다 할 일이 있고 사람마다 소원이 있습니다. 또 이 소원은 직업에 따라 조금씩 다릅니다. 그러나 본능적으로는 병이 없이 장수하고 잘 먹고 잘 입고 존경 받으면서 살다가 천국에 가고 싶다는 소원은 우리 모두 다 같습니다.

또 한 가지 신앙생활하는 자들에게 소원이 있는데, 그 소원이 뭐냐하면 성경 말씀대로 살고 싶고, 하나님의 거룩한 영, 즉 성령을 받아서 마음속에 사랑을 담고 살고 싶고, 마음에 충성을 담고 살고 싶고, 이웃을 내 몸과 같이 사랑하며 살고 싶고, 항상 기도하여 깨어 있고 싶은 것입니다.

그러나 이러한 소원을 가지고 있으면서도 이루지 못하고 살 때가 많습니다. 저는 친한 친구를 만나서 그에게 말했습니다. '친구야! 자네는 내가 목사된 것도 좋아 하고, 신앙생활도 잘할 것 같은데 빨리 예수 믿고 구원받아야 되지 않느냐' 그랬더니 그가 '조금만 기다려 달라'고 그래요. '왜 그러느냐?' 라고 묻자, 어릴 때부터 그는 어머니의 사랑을 많이 받아 왔다는 것입니다. 어머니가 자기를 남편처럼 자녀처럼 여기며 하나의 우상으로 바라보면서 산다는 것입니다. 그런데 그 어머니가 불교를 믿기 때문에 자신이 만약에 예수 그리스도를 믿으면 어머니가 너무 상심할 것 같으니 어머니가 돌아가신 후에 믿겠다는 것이었습니다. 그러나 '때'라고 하는 것이 항상 기다려 줍니까? 또 어떤 사람들은 신앙생활 잘하고 싶은데 자신이 신앙생활을 열심히 하다 보면 가정의 화목이 깨질까봐 신앙생활을 못한다고 하시는 분이 있습니다. 또 어떤 사람은 주일도 지켜야 하고 연보도 드려야 하고 하라는 것이 많아서 자기는 교회 나가지 않고 마음대로 살아봐야겠다는 사람도 있습니다. 이런 생각들은 다 세속적인 생각입니다.

성경에서 말씀하시는 복 있는 인생은 어떤 인생입니까? 예수 그리스도를 믿으므로 핍박을 당하고 예수 그리스도를 믿으므로 때로는 따돌림 당하나 예수 그리스도를 믿는 것이 형제간에 화목을 도모하는 것이고, 예수 그리스도를 믿는 것이 자유를 얻고 사는 것이며, 예수 그리스도를 믿는 인생이 복 있는 인생이라고 말씀하고 계십니다. 여러분! 육신의 생각 때문에 영혼의 만족함에서 실패하는 사람이 되지 말기를 주의 이름으로 축원합니다.

우리는 행복하게 살수 있습니다. 사람 눈치보고 사는 사람은 사람의 그늘에서 벗어날 수 없습니다. 사람을 살릴 수가 없습니다. 그러나 예수 그리스도를 보고 가는 사람은 사람을 살리고 사람을 기쁘게 하고 옳은 곳으로 인도할 수 있습니다. 그런데 예수 믿는 사람들에게는 시험이 있습니다.

"내 형제들아 너희가 여러 가지 시험을 만나거든 온전히 기쁘게 여기라"(약 1:2) 여러분! 우리가 믿는 예수 그리스도도 시험을 받으셨습니다. 예수 그리스도가 세례요한에게 세례를 받으신 후에 성령이 충만했습니다. 성령에게 이끌리어 광야로 갔습니다. 거기에서 40일을 금식 기도했습니다. 금식기도를 해서 배가 매우 고팠습니다. 그럴 때 마귀가 찾아와서 하는 말이 '예수야 이 돌들을 떡덩이가 되게 하라' 그랬습니다. 그러나 예수님은 돌을 떡덩이가 되도록 명하지 않았습니다. 오히려 '사람이 떡으로만 살 것이 아니라, 하나님의 말씀으로 산다' 는 하나님의 말씀으로 물리쳤습니다. 그러자 마귀가 예수님을 성전 꼭대기로 데리고 올라가서 '예수야 뛰어내려! 그러면 천사를 보내서 발이 돌에 부딪치지 않게 한다고 했는데 한번 뛰어내려봐 그러면 그 모습을 보고 네가 하나님의 아들인줄 알 것이 아니냐?' 그럴 때에도 예수님은 '하나님을 시험하지 말라' 고 하시면서 뛰어 내리지 않으셨습니다. 또 마귀는 예수님을 저 높은 산꼭대기로 데리고 가서 천하만국을 다 보였습니다. 그러면서 하는 말이 '네가 내게 엎드려 경배하면 저 보이는 천하만국을 다 너에게 주겠다' 그랬습니다. 그러나 예수님은 '주 너의 하나님께 경배하고 다만 그를 섬기라' 라고 말했더니 마귀가 예수님을 떠나고 천사가 와서 예수님을 수종들었다고 기록되어 있습니다.(마 4:4-11).

예수 믿는 여러분들은 물질의 시험도 이길 수 있고, 성경을 바르게 깨달으면 이단에 빠지지 않을 수도 있고, 예수 그리스도를 바로 믿으면 모든 좋은 것들이 하나님께로부터 오는 것인 줄 알기 때문에 세상의 어떤 권력에도 굴복 당하지 않습니다. 믿는 사람들에게는 그런 지혜가 있습니다. 예수님이 다 이겨놓았기 때문에 예수님 안에 있는 사람은 식욕을 이길 수가 있고 정욕을 이길 수가 있습니다. 성경 말씀 안에 있으면 분별력이 생깁니다.

구원받은 성도가 자랑해야 할 것이 있습니다

야고보는 이런 말씀을합니다. "낮은 형제는 자기의 높음을 자랑하고 부한 형제는 자기의 낮아짐을 자랑할지니 이는 풀의 꽃과 같이 지나감이라 해가 돋고 뜨거운 바람이 불어 풀을 말리우면 꽃이 떨어져 그 모양의 아름다움이 없어지나니 부한 자도 그 행하는 일에 이와 같이 쇠잔하리라"(약 1:7-11)고 했습니다.

여러분! 금강산 개발을 하고 관광을 간다고 그러지요. 금강산 관광을 가서 돈을 많이 버는 회사가 있을 것입니다. 그러나 금강산이 금덩이가 된다고 할지라도 금 한 조각 가져 갈 수 없습니다. 이 땅의 많은 부자가 다 쇠한다고 성경이 말합니다. 다 지나간다고 했습니다. 아무리 아름다운 사람일지라도 그 아름다움이 50년 유지되는 사람, 30년 유지되는사람 별로 없습니다.

그리고 또 성경이 말하기를, 인간이 자랑하는 것이 있는데 풍성한 사람은 그 풍성한 것을 자랑하지 말고 또 가난한 사람은 가난한 것으로 좌절하지 말라는 것입니다. 낮은 형제는 그 높음을 자랑하라고 그랬거든요. 그러면 낮은 형제는 그 높음을 자랑하라는 말이 무슨 말일까요? 높은 것이 무엇이 있을까요? 성경에 보니까 "내 사랑하는 형제들아 들을지어다 하나님이 세상에 대하여는 가난한 자를 택하사 믿음에 부요하게 하시고"(약 2:5)라는 말씀이 나옵니다. 여러분! 가난하게 살고, 어렵게 사는 것이 믿음에 유익이 있다면 그것은 자랑거리입니다. 믿습니까? 믿습니까? 믿음에 유익이 있다는 것입니다. '하나님이 세상에 대하여는 가난한 자를 택하사 믿음에 부요하게 하시고 또 자기를 사랑하는 자들에게 약속하신 나라를 유업으로 받게 아니하셨느냐' 하는 말이 있습니다. 이것은 세상에서 가난하게 살면서도 신앙생활을 잘 할 수 있다면 그것을 자랑하고 하나님의 은혜를 자랑하라는 것입니다.

그러면 부한 형제가 자랑할 것은 무엇이 있나요? 야고보서를 보니까 낮아짐을 자랑하라고 그랬어요. 낮아짐을 자랑하라! 부한 사람이 왜 낮아집니까? 여러분! 부한 사람으로 살다보면 영적 성장을 온전히 못할 때가 많이 있습니다. 교회에 가서 찾아보면 부유한 분보다도 가난한 분이 많이 있어요. 왜 그럴까요? 부자는 그 부유함으로 인하여 영적으로 어두워진 부분이 많이 있기 때문입니다. 그러나 부한 자 가운데도 권력자 가운데도 믿음 좋은 분이 있기는 있어요. 그러나 큰 부자일수록 육신적으로 자꾸 편하게 지내려고 그럽니다. 어떤 사람들 보면 그래요. 가난하게 살 때는 기쁨으로 사는 것을 보았어요. 십 만원 수입을 얻으면 하나님 앞에 십일조를 드리면서 잘 사는데 갑자기 일 억의 돈이 생겼습니다. 그 시간부터 고민을 하기 시작합니다. 하나님 이것 일년 동안 살 것인데 어떻게 할까요? 막 고민을 하다가 낮아져 버리고 말아요. 또 어떤 사람은 100억을 벌어서 10억을 하나님 앞에 드리려고 했더니 그냥 마음속에 갈등이 생긴 것입니다. 아까워 가지고 어떻게 할 줄을 모릅니다. 신앙이 낮아져 버리고 번민이 찾아와 버립니다. 왜 그럴까요? 하나님이 주신 아홉을 보지 않고 하나를 보다가 실족하기 때문입니다.

복음서에 가난한 과부가 있었습니다. 그런데 예수님이 연보궤 앞에 있을 때에 연보를 드렸습니다. 부자도 드리고 가난한 사람도 드리고 과부도 드렸습니다. 그런데 양적으로는 과부가 제일 적게 드렸는데도 불구하고 예수님께서는 '저 과부가 연보를 제일 많이 드렸다'고 말씀 했습니다. 하나님 나라에 가면 그 과부는 대단히 많은 영광을 누릴 것입니다. 할렐루야! 이렇게 지극히 가난한 사람이 하나님 앞에 풍성한 연보를 할 수 있었듯이, 지극히 바쁜 사람들이 바쁜 중에라도 하나님의 일을 한다면 그 사람이 하나님 앞에 가장 많은 시간을 드린 사람이 됩니다. 그래서 오늘 성경은 '낮은 형제는 자기의 높음을 자랑하고 부한 형제는 자기의 낮아짐을 자랑하라'고 가르치고 있는 것입니다. 이 세상의 것들은 다 지나간다고 그랬습니다.

여러분! 여러분과 제가 자랑할 것이 무엇인가요? **자기의 부족함을 자랑하고 하나님의 은혜를 자랑할 뿐입니다.** 저도 21년 동안 목회를 해 오면서 자랑할 것이 무엇인가? 생각해 보니까 예수님 자랑밖에는 없습니다. 제가 70세에 은퇴를 한다고 생각하면 지금 50세가 넘어가니까 7분의 5를 살았습니다. 여러분 80년을 계산하고 산다면 70세 되신 분들은 8의 7을 산 것입니다. 인생의 반을 넘게 산 분도 많이 있습니다. 더군다나 자는 시간 다 빼버리면 인생이 얼마 남지 않았어요. 그 기간 동안 무엇을 자랑하고 살 것입니까? 여러분! 예수님 자랑하고 천국 바라보면서 즐겁게 사시기를 주의 이름으로 축원합니다. 축원합니다.

여러분! 저는 과거의 자랑도 예수님이었고, 현재의 자랑도 예수님이고, 미래의 자랑도 예수님이 되어야 하겠다 그렇게 생각을 하고 있어요. 여러분! 영혼들이 얼마나 귀한 줄 몰라요! 영혼들이 귀해요. 사람의 영혼이라고 하는 것은 보통 귀한 것이 아닙니다. 여러분! 여러분의 영혼이 귀한 줄 알고 옆 사람의 영혼이 귀한 줄 알고, 부모님의 영혼이 귀한 줄 알고, 자녀의 영혼이 귀한 줄 알아서, 외부적으로 잘못된 것이 드러난다 할지라도 사랑을 중단하지 않게 되기를 주의 이름으로 축원합니다.

시험을 참고 통과하는 자가 복이 있습니다

성경을 다시 한 번 봅시다. 12절을 같이 보겠습니다. "시험을 참는 자는 복이 있도다 이것에 옳다 인정하심을 받은 후에 주께서 자기를 사랑하는 자들에게 약속하신 생명의 면류관을 받을 것임이니라" 여러분! 시험을 참는 자는 복이 있도다 그랬습니다. 시험이 없는 것은 아닙니다. 믿는 사람은 다 시험이 있어요. 그런데 왜 시험을 하시느냐는 겁니다.

사랑하시기 때문에 시험하시는 것입니다.

시험의 목적은 그 사람의 신앙을 키워 주려는데 목적이 있어요. 시험을 통과하게 되면 그것을 통과함으로 인하여 하나님께 인정을 받게 되는데 시험을 통과하려면 우선 욕심을 버려야 통과할 수가 있습니다. 사람을 보고 시험을 받았다는 사람은 그 사람에게 득을 보려고 했는데 자기에게 유익을 주지 못했으므로 사람에게 시험받았다고 이야기를 하고, 돈 때문에 시험받았다고 하는 사람은 돈을 하나님보다 더 사랑하기 때문에 돈 때문에 시험을 받는 것입니다. 세상사람들은 자기가 이용하려고 하다가 이용당하지 않으면 사기 당했다고 그럽니다. 또 자기에게 유익을 주지 않으면 욕하고 그럽니다.

성경은 말하기를 "욕심이 잉태한즉 죄를 낳고 죄가 장성한즉 사망을 낳느니라"(약 1:15)고 그랬습니다. 욥기서 15장 34절에 보면 "사곡한 무리는 결실이 없고"라고 하셨듯이 여러분! 사곡한 무리는 열매가 없습니다. '뇌물을 받은 무리의 장막은 불탈 것이라' 여러분! 뇌물 받아서 성공하는 사람 없습니다. 판검사들도 뇌물 받으면 다 무너져버리고 맙니다. 뇌물을 받는 자의 장막은 불탈 것이라 다 불타버리고 재만 남는다는 것입니다. 그들은 악한 생각을 잉태하고 불의를 낳으며 마음에 궤휼을 예비한다고 했습니다.

여러분! 인간이 시험을 받을 때 첫 번째 오는 충동이 있는데 그것은 하나님의 뜻을 생각지 않고 육신적으로 자기의 뜻을 이루려는 충동이 일어나는 것입니다. 하나님 없이도 살 수 있다고 머리를 돌리는 것입니다. 두 번째 충동은 죄악을 향한 강한 충동이 생겨 판단이 혼미해져 가지고 선악을 분별하지 못하게 되는 것입니다. 무엇이 선이고 무엇이 악인지 분별이 안돼서 불의도 행하게 되고 돈을 가지고 이리 뛰고 저리

뛰고 하는 것입니다. 욕심 때문에 인생을 망치는 것입니다. 주님을 바라보면서 욕심을 버리시길 주의 이름으로 축원합니다.

누구든지 시험에 드는 책임은 자기에게 있습니다. 이것을 인정할 때에 회복할 수 있어요. 문제를 자신에게서 찾을 때에 회개하고 새롭게 될 수가 있어요. 문제를 자신에게서 찾지 아니하는 사람은 문제를 해결할 수 있는 힘이 없어요. 나라가 왜 이렇게 되었느냐? 정치하는 사람이 왜 이렇게 정치를 잘못하느냐? 왜 우리 가정이 이렇게 되었느냐? 아내 때문인가? 자녀 때문인가? 부모때문인가? 아닙니다. 나라가 이렇게 된 것은 나의 책임이요, 우리 모두의 책임이요, 우리 가정이 이렇게 화목이 없는 것도 나의 책임입니다. 문제를 우리 스스로에게서 찾게 되기를 주의 이름으로 축원합니다.

저에게 문제가 있어요. 여러분! 우리 교회가 부흥하지 않는다면 목사에게 문제가 있다고 봅니다. 여러분의 문제는 여러분 자신에게서 찾아야 합니다. 우리 교회가 부흥하는 것은 하나님의 은혜이지만 만약에 부흥하지 않는다면 문제는 자신에게 있다고, 생각하고 내 눈의 들보를 보고 남의 눈에 티를 정죄하지 않는 그런 사람이 되어야 합니다.

오늘부터 가정에서도 문제를 자신에게 돌리시기를 주의 이름으로 축원합니다. 따라합시다 '시험에 드는 것은 자신책임이다'. 시험에 드는 것은 자기 책임입니다. 오늘날 크리스천들이 세상을 바라보면서 정치인들이 잘못된 것이 있다면 우리 책임입니다. 정치하는 사람 씨가 따로 있나요? 예수 믿는 우리 중에서도 정치하는 사람들이 있습니다. 다 우리 책임입니다. 우리는 나라의 잘못을 우리의 잘못으로 돌릴 줄 알아야 합니다.

각양 좋은 은사는 빛들의 아버지께로부터 옵니다

야고보 사도는 "각양 좋은 은사와 온전한 선물이 다 위로부터 빛들의 아버지께로부터 내려오나니 그는 변함도 없으시고 회전하는 그림자도 없으시니라"(약 1:17) 했습니다. 각양 좋은 은사는 하나님이 주시는 선물입니다. 구원은 하나님으로부터 옵니다. 할렐루야! 하나님은 선하시며 하나님은 완전하시며 하나님은 거룩하시므로 거기에서부터 선이 나타나게되고 거기에서부터 모든 것이 온다는 것입니다. 우리의 건강도 우리의 행복도 다 하나님께로부터 온다는 것입니다.

그런데 하나님은 빛들의 아버지라는 말이 있어요. 말라기 4장2절을 보니까 "내 이름을 경외하는 너희에게는 의로운 해가 떠올라서 치료하는 광선을 발하리니 너희가 나가서 외양간에서 나온 송아지같이 뛰리라" 의로운 해가 떠오르게 되면 우리의 육체도 그럴 뿐 아니라 우리 영혼도 성령을 받게 되면 외양간에서 나온 송아지처럼 만족하여 전세계를 바라보고 대자연을 바라보면서 그 환경에 심취되기도 하고 넓은 마음을 가질 수 있게 될 것입니다.

여러분! 성령 받아 넓은 마음 가지시고 자연을 노래하고 여유를 가지고 기뻐하며 살게 되기를 주의 이름으로 축원합니다. 우리 신앙생활 하는 사람들은 그렇게 살게 되었어요. 그러나 때로 물질 때문에 밤잠도 못 자고 꽉 눌려있어 엎치락 뒤치락 하다가 얼굴도 붓고 스트레스 받아가지고 병을 앓다가 세상을 떠나는 사람이 있습니다. 우리는 그러지 말고 주님을 찬송하며 하나님의 영광의 광채를 받는 저와 여러분이 되기를 주의 이름으로 축원합니다.

계시록 21장 23절에 보니까 "그 성은 해나 달의 비췸이 쓸데없으니 이는 하나님의 영광이 비취고 어린 양이 그 등이 되심이라" 그랬어요.

그는 변함도 없으시고 회전하는 그림자도 없으시니라 그랬습니다. 히브리서에 보니까 "예수 그리스도는 어제나 오늘이나 영원토록 동일하시니라"(히 13:8)고 말씀하셨습니다. 또 "나 여호와는 변역지 아니하나니 그러므로 야곱의 자손들아 너희가 소멸되지 아니하느니라"(말 3:6) 이렇게 말씀하셨습니다.

여러분! 세상은 야당이 여당도 되고 여당이 야당 되고, 빛이 어둠으로 둘러 쌓일 때가 있습니다. 그러나 예수 그리스도는 둘러 쌓이는 것이 없고 변질되는 법이 없습니다. 그래서 예수 그리스도 안에 있는 사람은 환경을 이기게 되어 있습니다.

과거에 어떤 장로님을 한 분을 알았는데 이분의 아내가 오랫동안 질병을 앓았습니다. 연세가 많이 드셔서 머리가 하얀데도 이분은 교회에서 피아노 반주를 했습니다. 그리고 늘 기도하면서 지내셨는데 어느 날 세상을 떠날 날이 가까웠음을 알고, 저녁식사를 한 후 남편보고 '여보! 날 업고 온 집안을 한 번 돌아 주세요' 그랬대요. 그래서 남편 장로님이 업고 온 집안을 한 번 돌았답니다. 그러니까 집안을 돌아보면서 하는 말이 '아! 이것은 언제 심은 것인데 지금도 잘 크고 있네요! 참 대자연이 아름다워요' 그러더랍니다. 그런데 새벽 2-3시에 캄캄한데 일어나서 하는 말이 '여보 왜 이렇게 밝아요. 태양빛 이상으로 이렇게 환하게 밝아요' 그렇게 얘길 해도 장로님이 '당신 왜 그래? 난 빛이 안 보이는데' 라고 말하자, '나의 눈에는 환하게 밝게 보이고, 하나님이 나를 오라고 한다' 고 그러면서 계속적으로 환한 빛이 보인다며 얘길 하더니 그냥 세상을 떠났습니다.

여러분! 하나님의 영광의 빛이 영혼에 비춰 질 때는 그 영혼이 열려져 어두움을 이기고 환한 빛이 됩니다. 육안으로는 볼 수 없는 영안이 있습니다. 여러분! 그런 눈을 가지고 언제나 승리하게 되시길 주의 이름으로 축원합니다.

　한 가지 감사한 것은 오늘 18절에 보니까 "자기의 뜻을 좇아 진리의 말씀으로 우리를 낳으셨느니라"는 말씀이 있습니다. 이 말씀을 읽을 때 마음이 뜨거웠습니다. 여러분! 자녀를 사랑하는데 자녀의 행위를 보고서 사랑합니까? 잘나서 사랑합니까? 그렇지 않습니다. 자녀이기 때문에 사랑합니다. 할렐루야! 믿습니까? 그런 것처럼 하나님이 우리를 사랑하시는데 우리의 행위를 보고 사랑하시는 것이 아니라 말씀으로 우리를 낳아 주셨기 때문에 하나님이 우리를 사랑합니다. 하나님의 전적인 은혜가 저에게 있습니다. 여러분에게 있습니다.

　탕자가 재산을 탕진하고 헐벗고 굶주린 상태에서 아버지를 찾아갔을 때 아버지가 저 멀리 있는 것을 보고 달려가 목을 안았습니다. 왜 그랬을까요? 아들이기 때문에 그랬습니다. 하나님은 아버지가 아들을 사랑한 것처럼 우리를 사랑해 주십니다. 이 감격이 그리스도인 모두에게 있어야 합니다. 여러분! 하나님의 자녀됨을 감사하면서 한 주간 동안 승리하고 영광을 하나님께 돌리시길 축원합니다. 아멘.

알았습니다

난 아주 귀한 것을 알았습니다
보이지 않는 저 영혼의 호흡을 보면서
아주 귀하고 아름다운 것은
보이는 것이 아니라
보이지 않는 생명의 가치 임을
알았습니다

보이는 것은 작은 값이나
보이지 않는 생명이 들어 있으니
천하보다 귀한 가치임을
알았습니다

난 저 보이지 않는 영혼을 위해
보여지는 모든 것 투자하고파
님의 성령의 능력을
전적으로 의지함이
지혜자의 삶임을
알았습니다

3

말씀 순종과 참된 경건

"내 사랑하는 형제들아 너희가 알거니와 사람마다 듣기는 속히 하고 말하기는 더디 하며 성내기도 더디 하라 사람의 성내는 것이 하나님의 의를 이루지 못함이라 그러므로 모든 더러운 것과 넘치는 악을 내어버리고 능히 너희 영혼을 구원할 바 마음에 심긴 도를 온유함으로 받으라 너희는 도를 행하는 자가 되고 듣기만 하여 자신을 속이는 자가 되지 말라 누구든지 도를 듣고 행하지 아니하면 그는 거울로 자기의 생긴 얼굴을 보는 사람과 같으니 제 자신을 보고 가서 그 모양이 어떠한 것을 곧 잊어버리거니와 자유하게 하는 온전한 율법을 들여다보고 있는 자는 듣고 잊어버리는 자가 아니요 실행하는 자니 이 사람이 그 행하는 일에 복을 받으리라 누구든지 스스로 경건하다 생각하며 자기 혀를 재갈 먹이지 아니하고 자기 마음을 속이면 이 사람의 경건은 헛것이라 하나님 아버지 앞에서 정결하고 더러움이 없는 경건은 곧 고아와 과부를 그 환난 중에 돌아보고 또 자기를 지켜 세속에 물들지 아니하는 이것이니라" (약 1:19-27)

말씀 순종과 참된 경건

탕자가 가지고 갔던 돈을 다 탕진하고 집으로 들어오는 길에 세 종류의 사람이 그를 맞이하고 있습니다. 하나는 아버지이고, 또 하나는 아버지 밑에서 수종 드는 종들이고, 또 다른 하나는 형님입니다. 그런데 이 세 사람을 가만히 보면 형님은 동생의 잘못한 것을 마음에 기억하고 있고, 종들은 아버지 시키는 것만 생각하고 그 탕자에게 신발도 신기고 좋은 반지도 갖다 주는 수동적 위치에 있습니다. 그러나 아버지는 그 잘못한 것을 잊어버리고 아들이 돌아왔다는 기쁨 속에서 아주 즐거워하는 모습이 있습니다.

그래서 저는 이 설교를 하기 전에 내가 형님의 태도처럼 죄 짓고 돌아온 부족하고 연약한 성도에게 '그렇게 살면 되느냐' 하는 방향으로 설교를 할 것인가, 아니면 돌아온 것만으로도 흡족한 아버지의 마음처럼 사랑으로 다가가야 될 것인가를 생각해 볼 때 참 사랑을 가진 아버지의 모습으로 대하는 것, 즉, 사랑으로 대하는 것이 참 사랑이며 진리라는 생각이 들었습니다.

하나님은 우리를 많이 사랑하십니다. 그래서 우리에게 너희는 강하라, 너희는 거룩하라, 너희는 겸비된 자로 성장하라 말씀하십니다. 또 우리가 나약한 사람으로 살게 하지 않으시려고 믿음의 시련과 연단을 주시면서까지 인내를 키우고 구원받은 백성답게 진실한 성도로 살게 하시는 분이 하나님입니다.

지난주 말씀에 "시험을 참는 자는 복이 있도다 이것에 옳다 인정하심을 받은 후에 주께서 자기를 사랑하는 자들에게 약속하신 생명의 면류관을 얻을 것임이니라"(약 1:12)고 그랬습니다.

여러분! 시험을 참는 자의 누림, 옳다 인정받은 후의 상급은 생명의 면류관입니다. 그런데 하나님이 약속하시고 하나님이 예비하신 생명의 면류관을 누가 받느냐? 믿음으로 시험을 이긴 자들이 생명의 면류관을 받는다는 것입니다. 이러한 시험을 이기기 위해서는 욕심을 버리라고 했습니다. 성경이 말하기를 "욕심이 잉태한즉 죄를 낳고 죄가 장성한즉 사망을 낳느니라"(약 1:15) 라고 말합니다. 하나님의 형상으로 지음 받은 우리가 욕심에 붙들려 살면 악령의 지배하에 있는 것입니다. 그러나 욕심에 붙들려 살지 않고 성령에 붙들려 살면 거룩한 영의 지배를 받고 사는 것입니다. 그러면 거룩한 영의 지배를 받고 살면 항상 믿음과 사랑과 온유와 절제와 양선과 충성의 열매가 있어 마음속에 기쁨이 있습니다

오늘날 세상에는 많은 사람이 굶어 죽어가고 있습니다. 우리가 잘 아는 155마일 휴전선 넘어 우리와 같은 동족이 굶어 죽어가고 있습니다. 그리고 저 인도에도 많은 사람들이 굶어 죽어가고 있습니다. 그리고 어떤 나라는 동족끼리 싸우고, 종교적 갈등, 지역적 갈등으로 테러와 전쟁이 끊이지 않고 있습니다. 왜 그럴까요? 욕심 때문입니다. 농사를 짓는 자들이 올해는 어느 지역에서는 농사를 짓지 말자고 작당합니다. 곡식 값이 내려갈 것 같으니까 쌀을 적당히 재배하여 고가로 팔고자 하는 정책 때문에 이 세상에서는 많은 사람이 양식으로 고통을 받고 있습

니다. 이것은 개인의 욕심을 채우기 위한 것입니다. 하나님이 주신 아름다운 대 자연 속에서 땀흘려 농사해서 전세계 사람들이 공평하게 나누어 먹는다면 굶어 죽는 사람이 없을 것입니다. 또 많은 사람들이 지배욕이나 명예욕을 버린다면 테러와 전쟁으로 무고한 생명이 죽어 가지 않을 것입니다. 만약에 남북통일이 되어서 우리가 함께 나누어 먹는다면, 외국에 많은 달러를 보내서 사치품을 사는 것으로 식량을 사서 북한에 보낸다면, 우리 동족은 굶어 죽지 않습니다. 그런데 다 욕심 때문에- 나만이 잘되어야 한다는 욕심 때문에- 곳곳에 많은 사람들이 고통을 당하고 우리 동족들도 어려움을 당하고 있는 것입니다. 성경은 말합니다. 욕심을 버려라. 사람이 시험받는 것은 다 욕심 때문이라고 말합니다.

하나님의 말씀은 속히 듣고 성내기는 더디하라

"내 사랑하는 형제들아 너희가 알거니와 사람마다 듣기는 속히 하고 말하기는 더디 하며 성내기도 더디 하라 사람의 성내는 것이 하나님의 의를 이루지 못함이니라"(약 1:19-20) 했습니다. '듣기는 속히 하고'라는 것은 복음을 들을 때에 민첩하게 청종 하라는 것입니다. 하나님의 말씀을 들을 때 그 내용을 빨리 이해하라는 것입니다. 성내는 것은 자신의 정신적 세계가 혼란에 빠진 상황이라는 것입니다. 혈기를 부리는 그 상태는 영혼이 더럽혀져있는 상태입니다. 성을 잘 내는 자는 남의 말을 깊이 생각하지 않고 경박한 결정을 하는 사람입니다. 성을 내서는 안 되는 것입니다. 디모데 전서에서는 "그러므로 각 처에서 남자들이 분노와 다툼이 없이 거룩한 손을 들어 기도하기를 원하노라"(딤전 2:8)라고 말씀하십니다. 여러분! 분노와 다툼은 하나님께서 기뻐하지 않는

것입니다. 복음을 잘 들으면 복음에 합당한 생활을 하게 되므로 분노
와 다툼을 하지 않게 된다는 것입니다.

　제가 어느 세미나에 갔습니다. 첫 시간에 강의한 연로하신 목사님이
젊은 목회자들에게 이렇게 말했습니다. '여러분! 여러분이 목회 한다면
전임자를 존경하시길 바랍니다. 전임자가 열심히 한 곳에 부임해 가게
되면 부임지의 조직도 바꾸지 말고 의자도 주보도 고치지 말고 가만히
두고 보십시오. 전임자가 한 일이 문제가 있다 할지라도 빨리 고치려고
하지 말고 시간을 많이 가지고 천천히 고쳐 가십시오.' 저는 경험에 의
해서 저렇게 말씀하시는 것이라고 생각했습니다. 그런데 얼마 있다가
교육학을 전공한 젊은 부목사가 강의를 시작하면서 '여러분! 시간이 없
으니 어디에 가든지 자기의 색깔을 분명히 나타내십시오. 빨리 이것도
하고 저것도 고치십시오'라고 말하는 것이 있었습니다.

　한 주제에 대한 태도가 정반대인 것입니다. 같은 자리에서 정반대 되
는 강의를 듣게 된 것입니다. 어떤 사람은 앞서 강의한 연세 드신 주의
종의 말을 듣고 고개를 끄덕거리는 것이었습니다. 어떤 사람은 뒤의 강
사의 말을 듣고 주먹을 불끈 쥐는 것을 보았습니다. 저는 먼저 강의하
신 목사님의 말씀이 아주 옳다고 생각했습니다. 여러분이 어떤 문제를
만났을 때 잘못된 것을 찾아냈거든 그것을 빨리 고치려고 몸부림치면
실수를 하게 됩니다. 어느 가문에 결혼하여 젊은 사람이 들어가 '가정
에 고칠 것이 많다'라고 생각하면서 문제를 빨리 고치려고 한다면 가정
을 문제로 만들어 버리고 맙니다. 저는 부임해서 처음에는 열정을 가
지고 열심히 하던 교역자들이 2년이 채 못되어 보따리를 싸는 것을 보
았습니다.

　"듣기는 속히 하고 말하기는 더디 하고 성내기도 더디 하라"(약
1:19)는 말씀 속에서는 문제를 빨리 파악하고 그 문제의 해결은 천천히

하라는 교훈도 포함되어 있습니다. 할렐루야! 얼마나 중요한지 몰라요.

초대교회에 복음을 전하게 되자 세 가지 반응이 나타났어요.

첫 번째 반응은 복음을 전하게 될 때에 복음에 대한 거부반응입니다. 이런 반응은 구약시대 뿐만 아니라 예수님 당시에도, 또 지금도 나타날 수 있어요. '설교는 저렇게 하지만 나는 설교 말씀대로 못살아. 현실이 어떤데, 세상이 어떤데, 나는 못살아 나는 저렇게 살면 실패해' 하면서 마음을 닫고 있는 사람입니다.

두 번째 반응은 마음의 찔림을 받고 반항하는 사람이 있습니다. 스데반이 초대교회에서 전도설교를 했을 때 듣는 군중들이 화가 나서 귀를 막고 돌을 던져 스데반을 쳐죽였어요. 그래서 예수 그리스도를 전하다가 스데반은 맞아 죽었습니다. 또 예수 그리스도를 전하고 하나님의 말씀을 전하게 될 때에 사도행전 2장을 보니까 "저희가 이 말을 듣고 마음에 찔려 베드로와 다른 사도들에게 물어 가로되 형제들아 우리가 어찌할꼬 하거늘 베드로가 가로되 너희가 회개하여 각각 예수 그리스도의 이름으로 세례를 받고 죄 사함을 얻으라 그리하면 성령을 선물로 받으리니"(행 2:37-38) 라고 했습니다.

세 번째 반응은 하나님의 말씀을 들을 때 그 말씀을 꿀송이 같이 달게 여기면서 아멘. 아멘. 아멘 하고 생명이 자라고, 영혼의 큰 힘을 받는 자들이 있습니다.

사랑하는 성도 여러분! 우리는 하나님의 말씀을 들으면서 영혼의 만족을 얻고 새로운 힘을 얻기를 주의 이름으로 축원합니다. 현실이 고통스럽고 낭패와 실패 속에서도 하나님의 선한 손을 바라보아야 합니다. 하나님의 섭리를 깨달아야 합니다.

바울 사도는 자기의 삶을 지배하시는 분을 하나님으로 생각했습니다.

그렇게 믿었습니다. 그래서 바울 사도는 "내가 비천에 처할 줄도 알고 풍부에 처할 줄도 알아 모든 일에 배부르며 배고픔과 풍부와 궁핍에도 일체의 비결을 배웠노라 내게 능력 주시는 자 안에서 내가 모든 것을 할 수 있느니라"(빌 4:12-13)라고 했어요. 그는 비천에 처할 때 하나님을 원망하지 않았습니다. 풍부에 처할 때라도 그는 교만하지 않았습니다. 배가 부를 때 타락하지 않았습니다. 배고플 때라도 신앙을 움직이지 않았습니다. 그는 고백하기를 "내게 능력주시는 자 안에서 내가 비천함도 이길 수 있고 풍부도 견딜 수 있고 배부른 것도 견딜 수 있고 배고픔도 견딜 수 있다 내게 능력 주시는 자 안에서 모든 것을 할 수 있다"라고 고백했습니다.

사랑하는 성도 여러분! 이런 비결을 배우고 자족하는 신앙을 가지시길 축원합니다. 자족하는 신앙을 가져야 그리스도인으로서 세상을 변화시킬 수 있습니다. 바울 사도는 하나님이 훈련시킬 때 좌절하지도 불평하지도 않습니다. 그는 데살로니가 교회를 향하여 그런 말을 합니다. "삼가 누가 누구에게든지 악으로 악을 갚지 말게 하고 오직 피차 대하든지 모든 사람을 대하든지 항상 선을 좇으라 항상 기뻐하라 쉬지 말고 기도하라 범사에 감사하라 이는 그리스도 예수 안에서 너희를 향하신 하나님의 뜻이니라 성령을 소멸치 말며 예언을 멸시치 말고 범사에 헤아려 좋은 것을 취하고 악은 모든 모양이라도 버리라"(살전 5:15-22)고 성경은 말씀하셨습니다.

사랑하는 성도 여러분! 하나님의 말씀이 잘 깨달아지고 있습니까? 아니면 성낼 수밖에 없는 환경이 여러분에게 엄습해 오고 있습니까? 기도의 응답이 없다고 지금 낙심하고 있지는 않습니까? 신앙 생활 하는 것이 의미가 없다고 중단해 버리고 싶은 생각이 없습니까? 있다고 한다면 우리는 깨어 있어야 합니다. 하나님 앞에 다시 한 번 우리는 긴

장하고 기도해야 합니다.

성경은 말합니다. "그러므로 모든 더러운 것과 넘치는 악을 내어버리고 능히 너희 영혼을 구원할 바 마음에 심긴 도를 온유함으로 받으라"(약 1:21)라고 했는데 그 도를 온유함으로 받는 저와 여러분이 되시길 주의 이름으로 축원합니다.

말씀을 듣고 행하는 자가 되라

"너희는 도를 행하는 자가 되고 듣기만 하는 사람이 되지 말라"(약 1:22)고 했습니다. 듣기만 하고 행함이 없는 자는 이중적인 생활을 하는 자입니다. 외식하는 자가 되는 것입니다. 하나님의 말씀이 지식을 채워준다면, 행위는 지식을 온전케 하는 겁니다. 듣기만 하고 행위가 없다면 거울로 자신의 얼굴을 보고 고쳐야 되는 것을 알면서도 돌아서면 금방 잊어버리는 자 같다고 했습니다.

여러분! 생각해 봅시다. 저의 얼굴을 한 번 보아 주세오. 저의 얼굴에 만약에 시커먼 것이 묻었다고 생각해 봅시다 그리고 거울로 얼굴을 보았다고 생각해 봅시다. 거울을 볼 때 깨달아지죠. 아이고 여기에 시커먼 것이 묻었구나. 내가 이것을 빨리 씻어야겠다고 생각합니다. 그러다가 거울에서 눈을 뗀 후에 돌아서서 잊어버리고 삽니다. 그렇다면 거울을 보는 사람이나 보지 않는 사람과 똑같이 사는 것입니다. 오늘 내용이 바로 그 말씀입니다. 하나님의 말씀을 듣고 읽은 다음에 자기 속에, 자기 마음속에, 환경 속에 고칠 것이 있다고 생각했는데 그것을 듣고 금방 잊어버리는 사람은 거울에서 자기 얼굴을 보고 돌아서서 고쳐야 할 부분 씻어야 할 부분을 금방 잊어버리는 사람과 같다고 말씀하고 있습니다.

　여러분이 교회에 오시면 성경을 보아야 한다는 생각, 기도해야 되겠다는 생각, 하나님 말씀을 받아들이며 순종해야 하겠다는 마음을 가지다가도 집에 돌아가면 곧 잊어버리십니까? 그렇다면 이 말씀을 듣고 저와 여러분이 함께 회개하고 바르게 살기를 주의 이름으로 축원합니다.

　성경의 말씀이 귀하고 아름답다고 해도 행위로 연결시키지 않으면 유익이 없습니다. 성경이 이렇게 말씀합니다. "행하는 일에 복을 받으리라"(약1:25). 복은 지식에 의해서 심어지고 행위에 의해 열매가 되어지는 것입니다. 성경을 바르게 알면 바르게 살 수 있는 힘이 생기는데 그 바르게 하는 힘을 굳게 잡고 생활해야 그것으로 인하여 열매를 맺게 되는 것이지요. 성경은 선을 알고 행치 않는 것이 죄라고 말합니다.

　또 선을 알고 행치 않는 것은 주님을 다시 십자가에 못박는 일을 하는 것입니다. 구원은 하나님의 절대주권으로 옵니다. 믿음은 하나님의 선물이요. 구원은 믿음으로 받습니다. 그러나 복과 누림과 잘되는 것은 행위로 완성되는 것입니다. 여러분! 우리 하나님의 말씀을 들었으면 그대로 사는 저와 여러분이 되시길 주의 이름으로 축원합니다. 이렇게 할 때 저와 여러분을 통하여 이 세상이 변화됩니다.

하나님 앞에 아름다운 경건

　"누구든지 스스로 경건하다 생각하며 자기 혀를 재갈 먹이지 아니하고 자기 마음을 속이면 이 사람의 경건은 헛것이라 하나님 아버지 앞에서 정결하고 더러움이 없는 경건은 곧 고아와 과부를 그 환난 중에 돌아보고 또 자기를 지켜 세속에 물들지 아니하는 이것이니라"(약 1:26-27) 라고 했습니다.

당시에 말만 잘하는 사람이 있었습니다. 경건하다고 말만 했어요. 그리고 교훈만 강조를 하고 행위가 없는 외식하는 자들이 있었습니다. 당시에 바리새인이 판을 쳤습니다. 그들은 스스로 자기를 속여요. 경건은 진실을 생명으로 하는 것입니다. 자꾸 입으로만 경건을 말하는 것입니다.

저도 전에는 과거에 보면 경건한 사람을 잘 몰랐어요. 얼굴을 좀 훤하게 하고 성경책을 이렇게 옆에 끼고 걸음을 천천히 걷고, 말도 좀 점잖게 하는 사람을 경건한 사람인 줄 알았습니다. 그러나 우리가 오늘 성경을 보면 그런 것도 경건이라고 할 수 있지만, 아주 아름다운 경건은 "하나님 아버지 앞에서 정결하고 더러움이 없는 것이 경건이라고 말씀하고 계십니다. 경건의 시작은 하나님 아버지 앞에서부터 시작됩니다. 할렐루야! 믿습니까? 하나님 아버지 앞에서, 예수 그리스도 안에서 성령의 인도로 시작이 되는 거예요. 하나님 중심의 신앙을 하나님 아버지 앞에서라고 말합니다.

'고아와 과부'는 불쌍한 사람들의 대표적인 사람이라고 성경에서 말합니다. 여러분! 고아는 누구입니까? 부모가 없는 사람입니다. 과부는 누구입니까? 의지할 대상이 없는 사람입니다. 제일 불쌍한 사람을 가리켜서 고아와 과부라 칭하는 것입니다. 그런데 오늘날에 적용한다면 우리 문화 속에서는 노인들이 과부와 같습니다. 의지할 곳이 없어요. 고아와 같은 사람, 장애자와 같은 사람은 정말 불쌍한 사람입니다. 이 불쌍한 사람들을 환난 중에 도와주는 것을 경건이라고 합니다. 불쌍한 사람을 불쌍하게 보는 것을 경건이라고 합니다.

어제 복지관에서 저에게 보고서를 가져왔는데 작년 한 해 교회 안에서 조직한 성민회에서 노인복지회관에 지출한 돈이 일 억 백 만원이라고 합니다. 많지 않습니까? 어린이와 여러분이 파란 봉투에 복지 연보

한 것, 여러 가지 명목으로 연보 한 것을 노인복지 운영비로 사용한 것입니다. 이것이 바로 경건입니다. 올바른 종교는 윤리와 도덕이 있습니다. 그러나 미신은 윤리 도덕을 버리고 복만을 추구 합니다. 불쌍한 사람을 돌아보지 않는 것은 진정한 그리스도인의 경건한 삶의 자세가 아닙니다. 불쌍한 사람을 돌아보는 것은 하나님이 기뻐하는 경건입니다. 그런 사람이 복을 받고, 그런 교회가 부흥하는 교회가 될 것이고, 여기에 참여하는 성도는 복을 받게 될 것입니다.

이사야서에 이렇게 말씀합니다. "선행을 배우며 공의를 구하며 학대받는 자를 도와주며 고아를 위하여 신원하며 과부를 위하여 변호하라 하셨느니라"(사 1:17), "네 방백들은 패역하여 도적과 짝하며 다 뇌물을 사랑하며 사례물을 구하며 고아를 위하여 신원치 아니하며 과부의 송사를 수리치 아니하는도다"(사 1:23). 이스라엘이 그렇게 타락했습니다. 에스라서에 보면 "에스라가 여호와의 율법을 연구하여 준행하며 율례와 규례를 이스라엘에게 가르치기로 결심하였었더라"(스 7:10) 라는 말이 있습니다.

사랑하는 성도 여러분! 우리가 들은 하나님의 말씀이 삶으로 연결되기를 주의 이름으로 축원합니다. 그렇다면 외부의 사랑과 연결되는 것만이 경건의 완성이냐? 그건 아니라는 거예요. 진정한 경건에는 또 한 가지가 요구되는데 "자기를 지켜 세속에 물들지 아니하는 이것이니라"(약1:27)하였습니다. 진정한 경건은 상대를 향하여 선한 손을 뻗을 뿐만 아니라 자기 자신이 성결한 생활을 해야 합니다. 믿습니까? 따라 합시다. '성결의 생활을 해야 한다.' 두 가지입니다 하나는 고아와 과부를 돌볼 뿐만 아니라 또 하나는 자신이 그리스도 안에서 성결의 생활을 해야 한다고 본문이 말하고 있습니다.

우리가 어떻게 해야 성결의 생활을 할수 있을까요? 우리는 세속에 물들지 않는 생활을 해야 합니다. 그 생활은 많은 사람을 옳은 곳으로 돌아오게 하는 것이요, 많은 사람에게 그리스도의 사는 모습을 그대로 보여 줄 수 있는 그러한 환경입니다. 우리가 경건한 생활을 하려면 어떻게 해야 할까요?. 여러분! 그것은 간단한 것입니다. 자녀는 부모에게 효도하는 것이 하나님의 말씀대로 사는 것입니다. 간단합니다. 부부가 안 싸우면 됩니다. 서로 간에 사랑하고 아껴 주면서 사는 것입니다. 주일에 나와서 마음껏 하나님께 찬양하고 하나님께 영광을 돌리는 것이 하나님 말씀대로 사는 것입니다. 세상에 가서도 타락하지 않고 사랑 실천하며 전도하는 생활이 하나님의 말씀대로 사는 것입니다.

여러분! 오늘 이 시간 이후에 진정한 경건을 행하는 일에 다 참여하고 올 해의 복 받은 대열에 한 사람도 제외되지 않고 모두 참여하여 오늘 성경말씀대로 흠 없는 경건, 고아와 과부를 환난 중에서 돌아보고 자기를 지켜 세속에 물들지 아니하는 경건을 가지고, 승리하는 저와 여러분이 되시길 축원합니다.

열심히 살아봅시다

세월이 너무 빨라 자신을 추스를 시간도 없이 멍하니 날아가는 날들을 보고만 있습니다.

새해 들어 3부 예배를 시작한 후 일백명의 성도들이 더 출석하여 부족한 종은 매우 즐겁게 목회를 하고 있습니다. 이들을 일일이 돌아보고 긴 시간 신앙생활 상담도 하고 성도들의 집에서 심방 예배를 드리며 가슴으로 영적 정감이 오고가고, 인정이 오고가는 마르다와 마리아의 집의 나사로를 살려낸 주님의 사역을 닮고 싶은 마음이 늘 있습니다. 그러나 마음뿐이지 실천에 옮기지 못해 괴롭습니다. 때로 일백 오십명 정도 목회할 수 있는 곳으로 훌쩍 떠나 성도를 내손으로 일일이 돌아보고 싶으나 그것은 나의 욕심임을 알아 성장하는 교회를 많은 일꾼들과 함께 사역하면서 미래의 하나님이 나리우실 영광의 면류관을 기대하며 살고 있습니다.

인생의 때를 조용히 나누어보니 자라가는 때가 있음을 알았습니다. 다음에는 살아가는 때가 있음도 알았습니다. 그후에는 죽어가는 때가 있음도 알았습니다. 사람이 성장할 때 얼마나 잘 자랐는가에 따라 살아가는 방법과 누림에 차이가 있고 죽어갈 때는 얼마나 열심히 살아왔느냐에 따라 차이가 있습니다.

인생 노년에 들면서부터는 죽어가는 길이면서 영생을 위해 조용히 준비해야 될 때라는 생각이듭니다. 예수 그리스도를 통해 영혼이 살아나지 않는 상태에서 죽어간다면 그것은 큰 낭패가 됩니다. 영육이 다 멸망으로 가기 때문입니다. 그러나 구원받은 성도의 노년은 결코 좌절할 것이 없는 기간입니다.

"만일 땅에 있는 우리의 장막집이 무너지면 하나님께서 지으신 집 곧 손으로 지은 것이 아니요 하늘에 있는 영원한 집이 우리에게 있는 줄 아나니 과연 우리가 여기 있어 탄식하며 하늘로부터 오는 우리 처소로 덧입기를 간절히 사모하노니 이렇게 입음은 벗은 자들로 발견되지 않으려 함이라"(고후 5:1–3)

좋은 해, 올 해는 성장하는 학생들은 지.정.의 모든 면에서 열심을 내봅시다. 행복하게 살 날을 기다리며 말입니다. 온 성도가 세월을 아끼고 귀히 여기며 구원받은 자답게 살아봅시다. 가슴펴고 열심히 살아봅시다. 하나님은 여러분 편입니다. 할렐루야!

4

사람을 외모로 취하지 말라

"내 형제들아 영광의 주 곧 우리 주 예수 그리스도를 믿는 믿음을 너희가 받았으니 사람을 외모로 취하지 말라 만일 너희 회당에 금가락지를 끼고 아름다운 옷을 입은 사람이 들어오고 또 더러운 옷을 입은 가난한 사람이 들어올 때에 너희가 아름다운 옷을 입은 자를 돌아보아 가로되 여기 좋은 자리에 앉으소서 하고 또 가난한 자에게 이르되 너는 거기 섰든지 내 발등상 아래 앉으라 하면 너희끼리 서로 구별하며 악한 생각으로 판단하는 자가 되는 것이 아니냐 내 사랑하는 형제들아 들을지어다 하나님이 세상에 대하여는 가난한 자를 택하사 믿음에 부요하게 하시고 또 자기를 사랑하는 자들에게 약속하신 나라를 유업으로 받게 아니하셨느냐 너희는 도리어 가난한 자를 괄시하였도다 부자는 너희를 압제하며 법정으로 끌고 가지 아니하느냐 저희는 너희에게 대하여 일컫는 바 그 아름다운 이름을 훼방하지 아니하느냐 너희가 만일 경에 기록한 대로 네 이웃 사랑하기를 네 몸과 같이 하라 하신 최고한 법을 지키면 잘하는 것이거니와 만일 너희가 외모로 사람을 취하면 죄를 짓는 것이니 율법이 너희를 범죄자로 정하리라 누구든지 온 율법을 지키다가 그 하나에 거치면 모두 범한 자가 되나니 간음하지 말라 하신 이가 또한 살인하지 말라 하셨은즉 네가 비록 간음하지 아니하여도 살인하면 율법을 범한 자가 되느니라 너희는 자유의 율법대로 심판 받을 자처럼 말도 하고 행하기도 하라 긍휼을 행하지 아니하는 자에게는 긍휼없는 심판이 있으리라 긍휼은 심판을 이기고 자랑하느니라" (약 2:1-13)

사람을 외모로 취하지 말라

경에 보면 "형제들아, 형제들아"하는데 얼굴 한 번 보시고 인사 한 번 합시다. 안녕하세요. 야고보서를 보면 "형제들아 내 사랑하는 형제들아"가 계속됩니다. 바울과 야고보가 항상 우리를 형제라고 말했는데 형제라고 하는 것은 부모가 같다는 말입니다. 그 말속에는 부모가 같다는 의미와 함께 너하고 나하고는 하나님을 믿는 믿음이 같다는 뜻이 들어 있습니다. 그래서 오늘 이 시간 야고보서의 말씀을 통해 은혜를 받으시고 형제 부모가 같은 육신의 형제도 아름답고, 예수 그리스도를 통해서 예수의 피로 거듭나고 형제된 아름다움도 생각하면서 은혜 받기를 축원합니다.

여러가지 시험을 만날 때에 온전히 기쁘게 여기라

성경을 보면 야고보 사도는 제일 먼저 사람이 이 땅에서 어떻게 살아가야 하는가를 말씀 하고 있습니다. "형제들아 너희가 여러 가지 시험을 만나거든 온전히 기쁘게 여기라"(약 1:2)고 말씀을 합니다. 우리가 살아가는 이 땅은 많은 시험이 있는 곳, 시련이 있는 땅입니다. 자녀 때문에도 시련이 오고, 자기의 연약 때문에도 시련이 오고, 세속의 문화에 붙들려 있는 이웃 때문에도 시련이 옵니다. 그래서 이 시련은 한 두 가지가 아니고 여러 가지 시련이 믿음의 사람들에게 온다는 것입니다. 구원받은 여러분에게도 시험이 온다는 것입니다. 시험이 올 때에는 낙심하지 말고 기뻐하여야 합니다. 결과는 좋게 될 것이니까 기뻐하라는 것입니다. 만일 이 시련을 이길 힘이 없거든 이길 수 있는 지혜를 주시는 하나님께 열심히 기도하면 하나님이 지혜를 주어서 그 시련을 이기게 할 것입니다.

그 다음에 말씀 하기를 여러 가지 시험을 참는 자는 복이 있으니 주 안에서 많은 시련을 참게 되면 하나님 앞에서 인정을 받게 되고 인정을 받으면 면류관을 얻는다. 그런데 시련을 받을 때에 욕심을 버려라. 다들 욕심 때문에 시험을 받는다. 너무 높아지고자 하다가 시험받고, 너무 예뻐지려다가 시험받고, 너무 많은 돈을 분수 이상으로 벌려고 하다가 시험받으니까 욕심을 버리라고 합니다. "욕심이 잉태한 즉, 죄를 낳고 죄가 장성한 즉 사망을 낳느니라"(약 1:15)고 말씀 하면서 사랑하는 형제들에게 속지 말라고 부탁하고 있습니다. 세상은 너희들에게 아름다운 것을 준다고 말하지만 속지 말아라. 세상은 너희들에게 형통한 것을 준다고 말하지만 속지 말아라. 가장 좋은 은사는 빛들의 아버지께로부터 온다. 이렇게 말씀 했어요.

그 말씀을 한 다음에 '누구든지 자기가 경건하다고 말하는 사람은 그 입에 재갈을 물려라. 스스로 자랑하지 말라.'고 가르쳐 주고 계십니다. 하나님 앞에 정결하고 더러움이 없는 경건은 고아와 과부를 돌아보는 것이다. 고아와 과부를 돌아보는 것이 경건한 생활이거늘 고아와 과부를 돌아보지 않으면서 또 가난한 사람을 돌아보지 않으면서 나는 거룩하다고 정결하다고 내가 신앙생활 잘 한다고 또는 우리 교회가 좋다고 말하지 말라. 진정 아름다운 것은 고아와 과부를 환난 중에서 돌아보는 일이고, 그리고, 자기를 지켜 세속에 물들지 않는 그것이 하나님이 원하는 경건이다. 이렇게 야고보서의 저자 야고보는 제1장에 이야기하고 있습니다.

사랑하는 성도 여러분! 사람들은 저마다 환경과 사람을 판단하는 기준을 가지고 살아갑니다. 또 자신의 욕구에 따라 가까이 할 사람도 선택을 하고 멀리해야 할 사람도 선택을 합니다. 사람뿐 아니라 짐승도 그렇습니다. 양이나 소는 초원을 찾아서 달려갑니다. 풀을 찾아서 뜯기 위해서 입니다. 그러나 호랑이나 사자는 그 고기를 먹기 위해서 자기보다 약한 짐승을 찾아 짐승들이 노는 곳으로 달려갑니다. 자기의 욕구가 무엇이냐에 따라 만나는 사람도 다르고 찾아가는 환경도 다릅니다. 그러면 욕구의 변화, 체질의 변화, 사상의 변화가 있어야 바른 사람을 선택할 수 있다는 것을 믿으시기를 주의 이름으로 축원합니다. 축원합니다.

"내 형제들아 영광의 주 우리 주 예수 그리스도를 믿는 믿음을 너희가 받았으니 사람을 외모로 취하지 말라"(약2:1) 여기에서 말하는 것은 예수 그리스도의 믿음을 받기 전에는 세속 문화 속에 들어 있었기 때문에 모든 사람이 외모를 취하게 된다는 것입니다. 세상은 다 외모를 취합니다. 외모를 안 취하는 곳이 없어요. 외모를 취하는 것이 정상이에요. 이것이 세속문화입니다.

몇 년 전 안양 벽산 백화점 앞 전파사에 들어간 일이 있어요. 들어가서 '교회에서 사용할 수 있는 앰프가 있는가' 하고 돌아보고 있었습니다. 그런데 들어가서 한 바퀴를 쭉 돌았는데도 아무도 눈길을 주는 사람이 없더라구요. 종업원들까지…… 그래서 어떤 앰프 앞에 가서 참 좋게 생겨서 '얼마 합니까' 하고 물어보니 저를 위아래로 훑어보더니 '그

것은 비싼 대요.' 하며 자세한 설명을 해 주지 않았습니다. 그때 매우
기분이 상했습니다. 나빴어요. 왜 그랬는가 생각해 보았더니, 그때 제
가 산기도를 간다고 아주 오래된 잠바를 걸치고 꼭 거지같이 해 가지고
갔었어요. 점원은 사람을 판단함에 있어서 옷을 뒤집어 입고 두툼하게
입은 나를 보면서 노숙하는 사람으로 판단하였던 것 같습니다. 그래서
입 아프게 설명하여도 사갈 것 같지도 않고 해서 아예 푸대접을 했던
것 같아요. 그것이 세상의 문화입니다. 돈이 없어 보이니까 아예 설명
도 안해 준 겁니다.

그런데 그것이 그 사람의 죄가 아니라 세상의 방법입니다. 옷을 잘
차려 입고 온 사람은 대체로 물건을 잘 사 가지고 가고, 옷을 잘 차려
입지 못하고 온 사람은 실컷 물어보고 돈 없으면서 잘난 체 하다가 그
냥 간다는 선입견이 이미 마음을 닫게 한 것입니다. 그래서 그것은 세
상 문화 속에 적응하는 저도 잘못이 있다 이렇게 생각했습니다.

제 친구 하나가 육군 본부에서 장성들이 무엇인가 설교를 해달라고
해서 갔대요. 교육을 해 달래서 갔는데 봉고를 타고 가니까 헌병초소에
서 세워놓고 왜 왔냐고 무슨 일로 왔냐고 물어서 교회에 강사로 왔다
고 하니까 진짜냐고 주민등록 내라 해서, 보고하고 확인을 거치는 시간
이 많이 흘러 아주 고생했대요, 이것이 세속문화입니다. 세속문화는 항
상 외모를 취하게 되어 있어요. 구약시대에도 그랬고 예수님 당시에도
그랬고 오늘 본문에 나타난 이 상황의 그 당시에도 그런 일이 있었습니
다.

그런데 야고보 사도가 그것을 알기 때문에 오늘 본문에 말하기를
"내 형제들아 영광의 주 곧 우리 주 예수 그리스도를 믿는 믿음을 너희
가 받았으니 사람을 외모로 취하지 말라"(약2:1). 너희는 하나님의 백
성이 되었으니 사람을 외모로 취하지 말라는 말씀입니다. 너희는 세상

의 문화 속에 있는 것이 아니라 하나님 백성으로 소속이 되었으니 사람을 외모로 취하지 말라는 말씀입니다. 여러분. 하나님의 능력으로 사람을 외모로 취하지 말고 하나님이 중심을 보시는 것 같이 여러분과 저도 다른 사람을 판단할 때 그의 중심을 보는 은혜가 있기를 주의 이름으로 축원합니다.

세속문화는 노인을 천대하고 장애자를 외면하는 문화입니다. 왜요? 노인들에게 무슨 아름다움이 있습니까? 장애자에게 큰 기대를 걸 것이 있습니까? 어떤 동네가 장애자 회관을 지으려다가 동네사람들이 데모하여 결국 밀려나고 마는 비정한 현실을 TV를 통해 보셨을 겁니다. 이것이 세속문화입니다. 언제든지 육체의 아름다운 것을 원하고 세속적인 것을 원하기 때문입니다. 그 가치관은 자기중심이요, 현실중심이요, 눈에 보기 좋은 대로 행하는 문화입니다. 그런데, 그것이 왜 잘못인가요? 사람을 차별 대우 하는 것은 영혼보다 육체에 더 큰 비중을 두는 오류를 범하기 때문에 야고보 선지자는 외모를 취하지 말라고 한 것입니다. 이렇게 외모를 취하는 잘못된 판단은 영혼을 최하의 상품으로 취급하는 바벨론 문화에서 온 것입니다. 곧 이것은 세상주의 행위입니다.

그러니까 믿음을 가진 우리는 신분이 달라졌고 하나님의 백성이 되었으므로 달라져야 한다고 말합니다. 그래서 야고보 사도는 말합니다. "만일 너희 회당에 금가락지를 끼고 아름다운 옷을 입은 사람이 들어오고 또 더러운 옷을 입은 가난한 사람이 들어올 때에 너희가 아름다운 옷을 입은 자를 돌아보아 가로되 여기 좋은 자리에 앉으소서 하고 또 가난한 자에게 이르되 너는 거기 섰든지 내 발등상 아래 앉으라 하면"(약 2:2-3)" 여러분! 교회에서도 아름다운 사람이 오면 좋은 자리에 앉힙니까? 여기에서도 지적하고 있어요. 교회에 가락지를 끼고 온다는 것은 부의 상징입니다. 아름다운 옷을 입은 사람이 들어오면 대접을 하고, 가난한 사람이 오면 그냥 멸시해 버리는 것, 이것은 좋지 않다는 것입니다.

사랑하는 성도 여러분! 우리 교회는 누구든지 다 사랑할 수 있는 중심을 보고 영혼의 가치를 볼 수 있는 환경을 만드는 여러분과 제가 되기를 주의 이름으로 축원합니다.

성도는 말씀대로 교제하고 유업을 받으라

"너희끼리 서로 구별하지 말며 악한 생각으로 판단하는 자가 되는 것이 아니냐 내 사랑하는 형제들아 들을지어다 하나님이 세상에 대하여는 가난한 자를 택하사 믿음에 부요하게 하시고 또 자기를 사랑하는 자들에게 약속하신 나라를 유업으로 받게 아니하셨느냐"(약 2:4-5). 여러분! 가난한 사람을 멸시할 것이 아니에요. 하나님은 가난한 자들도 사랑하십니다. 그래서 바울사도는 고린도전서에서 이런 말씀했습니다.

"형제들아 너희를 부르심을 보라 육체를 따라 지혜 있는 자가 많지 아니하며 능한 자가 많지 아니하며 문벌 좋은 자가 많지 아니하도다 그러나 하나님께서 세상의 미련한 것들을 택하사 지혜 있는 자들을 부끄럽게 하려 하시고 세상의 약한 것들을 택하사 강한 것들을 부끄럽게 하려 하시며 하나님께서 세상의 천한 것들과 멸시받는 것들과 없는 것들을 택하사 있는 것들을 폐하려 하시나니 이는 아무 육체라도 하나님 앞에서 자랑하지 못하게 하려 하심이라"(고전 1:26-29)

여러분! 고린도 교회에 많은 사람이 나왔는데 그 때에 문벌 좋은 자가 많지 않았어요. 세상에서 매우 미련해 보이는 사람들이 대부분이었습니다. 약해 보이는 사람도 많이 나왔습니다. 그러나 하나님께서는 그들을 붙드시고 세상을 바꾸어 놓았습니다. 할렐루야! 믿습니까?

소크라테스의 제자나 공자의 제자가 세상을 뒤흔들었나요? 바로 저 갈릴리 호숫가에서 고기 잡던 베드로, 야고보, 요한, 세관에서 일하는 세리 같던 사람, 이렇게 부족한 사람을 들어서 하나님은 크게 쓰셨고, 예수님은 그들을 제자 삼아서 오늘날 세계 곳곳에 그들의 입술을 통해 역사하고 계십니다. 믿습니까? 하나님께서는 우리를 통해서 군포, 산본을 살리실 계획을 가지고 계십니다. 이 일들을 부자가 합니까? 권력자가 합니까? 바로 저와 여러분에게 하나님께서 이 일들을 맡기셨다고 생각합니다.

우리는 하나님 보시기에 아름다운 것을 선택해야만 합니다. 본문에 유업이란 말이 나옵니다. 유업을 주신다고 하셨는데 '유업'이란 말은 자녀가 부모에게 받는 상속을 의미합니다. 하나님의 자녀가 받는 유업은 영생이요 구원이요, 천국입니다. 이 엄청난 축복은 하나님의 긍휼하심으로 주어진 것입니다. 행위로 하나님의 유업을 받는 것이 아니라 하나님의 긍휼로 받는 것입니다. 잠언서 19장 17절에 "가난한 자를 불쌍히 여기는 것은 여호와께 꾸이는 것이니 그 선행을 갚아 주시리라"고 기록하고 있습니다. 인간이 이성주의나 세속적으로 살면 하나님의 뜻대로 절대 살 수 없습니다. 인간은 본능적으로 예쁜 사람을 좋아하게 되어 있고, 많이 배운 사람을 사랑하게 되어 있고, 부자나 권력자를 따르게 되어 있습니다. 이것이 인간의 본능입니다.

그러나 하나님은 세상에서의 그 사람의 지위와 명예에 따라 그 사람을 대우하는 것이 아니라 물론 그들도 하나님께서는 사랑하시지만 하나님을 의지하고 정결하고 깨끗하게 사는 사람을 하나님이 더 사랑하신다는 것을 알아야 합니다. 할렐루야! 세상에서 좋은 옷을 입을 수가 있어요. 그럴 때 세상은 그 옷을 보고 사람을 평가하지만, 하나님은 그

속의 중심 즉 영혼의 생명을 보고 평가하는 것입니다.

  세속의 방법이나 가치가 교회에서도 척도가 되면 교회는 그때부터 타락하기 시작합니다. 교회가 타락하기 시작할 때 몇 가지 언어가 생기기 시작합니다. 사람을 큰 고기 작은 고기로 빗대어 이야기 합니다. 부자나 권력자가 들어오면 우리 교회 큰 고기 왔다 하고 가난한 사람이 오면 송사리 왔다고 합니다. 여러분! 누가 보기에 큰 고기이고 누가 보기에 송사리입니까?. 하나님이 보시기에는 우리 모두가 큰 고기이고 다 같은 자녀입니다. 세속의 가치관이 교회 안에 들어와 있다는 것은 굉장히 무서운 것입니다. "너희는 도리어 가난한 자를 괄시하였도다 부자는 너희를 압제하며 법정으로 끌고 가지 아니하느냐 저희는 너희에게 대하여 일컫는 바 그 아름다운 이름을 훼방하지 아니하느냐"(약 2:6-7).

  바울 사도를 빌립보 감옥에 누가 집어 넣었나요? 부자가 집어 넣었나요? 가난한 자가 집어 넣었나요? 네, 그렇습니다. 부자들이 감옥에 넣었습니다. 부자나 아름다운 모습의 사람, 많이 배운 자도 다 하나님 편에서는 가난한 자와, 신체적으로 연약한 자, 무식한 자와 마찬가지로 모두 자녀이므로 동등하다는 것을 알아야 합니다. 믿습니까? 할렐루야! 저는 돈이 많은 분에게 부탁하는 말이 있습니다. 여러분! 누가 돈이 많다고 알아주지 않거든 감사하십시오. 왜냐하면 나중에 돈이 많은데 명예가 없을 수 있잖아요. 명예가 있는 사람이 모이는데 돈이 많은 사람이 낮추어짐을 받을 수가 있어요. 또 명예 있고 돈이 많은 사람이 기능을 필요하게 되는 환경에서는 명예 있고 돈 있는 사람이 낮추어질 수 가 있어요. 자신이 툭 튀어 나지 않는 것은 내려가지 않는다는 것임을 알아야 합니다. 할렐루야! 여러분 가난하게 될 때 업신여김을 받지 않는다는 것입니다. 주님을 믿는 사람의 모임은 언제든지 사랑으로 하나가 되어야 합니다.

이웃을 내 몸같이 사랑하라는 최고의 법을 지키라

"너희가 만일 경에 기록한 대로 네 이웃 사랑하기를 네 몸과 같이 하라 하신 최고한 법을 지키면 잘하는 것이거니와"(약 2:8) 그러므로 율법을 다 지킬 수 있는 것은 예수님을 사랑하는 것입니다. 하나님은 왜 율법을 우리에게 주셨습니까? 하나님이 우리를 사랑하기 때문에 율법을 주셨습니다. 아이들이 학교에 갈 때 어머니가 차 조심해라 점심 거르지 말아라 나쁜 친구 사귀지 말아라 하는 것은 어머니가 자녀에게 주는 법입니다. 그럴때 자녀가 그 사랑을 안다면 '감사합니다' 하는데, 어머니의 사랑을 알지 못한 아이는 "또 잔소리하네, 또 잔소리해" 라고 말합니다. 하나님이 우리에게 성경을 통하여 "간음하지 말라 살인하지 말라 도적질하지 말라"(출 20:13-15)는 것은 우리를 보호하시고, 우리 가정을 보호하시고, 나라를 보호하시고, 교회를 보호하기 위하여 사랑하기 때문에 주시는 계명으로 믿기를 주의 이름으로 축원합니다. 사랑하는 마음만 가지고 있으면 승리할 수 있습니다. "누구든지 온 율법을 지키다가 그 하나에 거치면 모두 범한 자가 되나니 간음하지 말라 하신 이가 또한 살인하지 말라 하셨은즉 네가 비록 간음하지 아니하여도 살인하면 율법을 범한 자가 되느니라"(약 2:10-11) 그러나 "긍휼을 행하지 아니하는 자에게는 긍휼없는 심판이 있으리라 긍휼은 심판을 이기고 자랑하느니라"(약 2:13).

주님의 긍휼하심을 기다리는 자는 심판을 이깁니다. 긍휼이 있다는 것은 남을 불쌍히 여기는 마음과 신앙이 있다는 것이고, 남을 불쌍히 여기는 마음을 가지는 사람은 하나님의 사랑을 깨닫는 사람입니다. 한 가지 예화를 들어볼께요. 율법을 하나의 육체로 봅시다. 그럴 때 율법 전체는 하나님의 인격입니다. 하나님의 뜻이에요. 그러면 육체로 비유할 때 머리가 건강하고 팔다리도 건강한데, 우리 내부 속에 있는 콩팥 같은 데 문제가 생겼다고 한 번 생각해 봅시다. 여러분! 그것으로 인하여 건강한 모든 부분이 고통을 당하며 무너질 수 있습니다. 그처럼 율법을 지키는 데 있어서 이것도 지키고 저것도 지키다가 지키지 않는 것 하나 때문에 어려움 당할 수 있습니다.

그러나 어려움 당하지 않는 것은 내가 죄인이기 때문에 나를 위해서 십자가 지신 예수 그리스도의 긍휼하심을 기억하며 죄를 회개하고 예수님을 온전히 믿고 회개하는 것, 그것이 곧 사랑이요 율법을 이루는 것입니다.

사랑하는 성도 여러분! 하나님은 우리를 사랑합니다. 사랑 받은 우리들은 사람을 외모로 취하지 말아야 합니다. 그리고 성숙한 성도가 되어서 사람을 볼 때에 외모를 보지 말고, 가락지를 보지 말고, 옷 입은 것을 보지 말고, 얼굴의 아름다움을 보는 것보다 하나님을 사랑하는 마음이 있는가 없는가 하는 그 중심을 볼 줄 알아야 합니다. 남녀노소 빈부귀천 할 것 없이 모두를 사랑하는 마음을 가지려면 주님을 닮아야 합니다.

요즘 신문을 보니까 사회적으로 IMF영향으로 이혼이 증가하고 있다고 합니다. 물질 때문에 가정이 깨어지는 가정이라면 그리스도 밖에 있는 사람의 가정입니다. 그리스도 안에 있는 가정은 어려움이 오면 올수록 그 가정이 더욱 단단해 지는 것입니다. 육체적 고통이 영적 성장으로 승화할 수 있는 계기가 된다는 오늘의 말씀을 기억하며, 사람을 외모로 취하지 말고 사랑하게 되기를 축원합니다.

육과 영혼

울 수도 없고
웃을 수도 없고

세월을 약 삼아
인내만 해야 하니

나약한 육체
바람에 흔들린다

이 땅이 전부라면
불쌍한 너이지만
영원을 바라보니
너는 행복하구나

풀과 같은 육체 위해
가지런히 핀 꽃 위해
영혼을 버릴 수 없어
님 앞에서
피어나는 영생을 위해
십자가 지고
용서의 강물
조용히 걷는구나

5

아름다운 신앙인의 삶

"내 형제들아 만일 사람이 믿음이 있노라 하고 행함이 없으면 무슨 이익이 있으리요 그 믿음이 능히 자기를 구원하겠느냐 만일 형제나 자매가 헐벗고 일용할 양식이 없는데 너희 중에 누구든지 그에게 이르되 평안히 가라, 더웁게 하라, 배부르게 하라 하며 그 몸에 쓸 것을 주지 아니하면 무슨 이익이 있으리요 이와 같이 행함이 없는 믿음은 그 자체가 죽은 것이라 혹이 가로되 너는 믿음이 있고 나는 행함이 있으니 행함이 없는 네 믿음을 내게 보이라 나는 행함으로 내 믿음을 네게 보이리라 네가 하나님은 한 분이신 줄을 믿느냐 잘하는도다 귀신들도 믿고 떠느니라 아아 허탄한 사람아 행함이 없는 믿음이 헛것인 줄 알고자 하느냐 우리 조상 아브라함이 그 아들 이삭을 제단에 드릴 때에 행함으로 의롭다 하심을 받은 것이 아니냐 네가 보거니와 믿음이 그의 행함과 함께 일하고 행함으로 믿음이 온전케 되었느니라 이에 경에 이른바 아브라함이 하나님을 믿으니 이것을 의로 여기셨다는 말씀이 응하였고 그는 하나님의 벗이라 칭함을 받았나니 이로 보건대 사람이 행함으로 의롭다 하심을 받고 믿음으로만 아니니라 또 이와 같이 기생 라합이 사자를 접대하여 다른 길로 나가게 할 때에 행함으로 의롭다 하심을 받은 것이 아니냐 영혼 없는 몸이 죽은 것 같이 행함이 없는 믿음은 죽은 것이니라"(약 2:14-26)

아름다운 신앙인의 삶

하나님은 모든 만물을 창조하시고 창조한 모든 만물들에게 각자의 기능을 주셨습니다. 풀을 만드시고 풀에 씨를 맺게 하고 풀이 씨를 떨어뜨려 계속해서 번성하게 만들었습니다. 사람도 생육하고 번성하게 만들었습니다. 이 모든 대자연과 만물은 하나님이 만드신 의도대로 움직이고 있습니다. 우리가 시계를 만들 때는 시각을 정확히 알고, 다른 사람과의 약속시간을 잘 지키기 위하여 만들었습니다. 자동차를 만들 때는 힘 안들이고 먼 거리를 쉽고 빨리 갈 수 있기를 원하여 고안하였으며, 지금은 아스팔트 위를 신나게 달려갈 수 있는 그러한 좋은 차를 만드느라 고심 중입니다. 기차는 한꺼번에 많은 인원을 짧은 시간에 수송하기 위해 레일 위로 달리기를 원하고 있습니다. 모든 것은 다 만든 사람의 목적대로, 의도대로 움직여 주어야 좋은 것입니다.

그런 것처럼 하나님이 구원 시켜준 우리도 하나님의 의도대로 움직여야 합니다. 하나님께서는 우리를 그냥 구원시켜 준 것이 아니라 분명한 목적을 가지고 우리를 구원시켜 준 것입니다. 구원시켜 준 우리들, 아무 공로 없는 우리를 예수 그리스도를 통하여 하나님의 절대주권으로 우리를 선택하여 구원해 주셨습니다. 지옥 갈 사람이 천국 가는 것은 공로나 행위로 구원받는 것이 아닙니다. 하나님의 절대주권으로 받습니다.

그러나 상급 -하나님 나라에서 누리는 것-은 행위가 꼭 따라 주어야 합니다. 오늘 본문을 보면 잘못하면 행위구원이 아닌가 이렇게 생각할 수 있지만 그러나 그것이 아닙니다. 구원은 믿음으로 받고 구원받은 믿음은 선한 일을 꼭 한다는 것입니다. 할렐루야!

여러분! 닭은 닭소리하고 개는 개소리합니다. 구원받은 성도들은 꼭 선행을 한다는 전제가 여기 있습니다. 그러면 하나님께서 구원받은 성도를 향하여 꼭 하시는 말씀이 있어요. 성도는 구원받았기 때문에 청결해야 한다. 더러움이 없는 경건을 해야 한다고 말합니다. 그 경건은 가난한 자 병든 자 고아와 과부를 환난 중에서 돌아보는 것입니다. 그리고 우리 자신을 지켜 세속에 물들지 않고 늘 예수 그리스도를 따라서 살아야 한다고 했습니다. 하나님께서는 직분이나 교회 다니는 연조를 원하지 않습니다. 하나님은 진정한 경건을 우리가 가졌는지, 또 얼마나 예수 그리스도를 닮았는지에 관심이 있습니다.

"내 형제들아 영광의 주 곧 우리 주 예수 그리스도를 믿는 믿음을 너희가 받았으니 사람을 외모로 취하지 말라"(약 2:1) 믿기 전에는 우리가 외모를 취하고 살았습니다. 사람을 차별하고 살았습니다. 그러나 믿은 후에는 달라져야 합니다. 우리는 사람을 외모로 취하지 말아야 합니다. 왜냐하면 세속의 요소이기 때문입니다. 로마서에 보면 "너희는 이 세대를 본받지 말고 오직 마음을 새롭게 함으로 변화를 받아 하나님의 선하시고 기뻐하시고 온전하신 뜻이 무엇인지 분별하도록 하라"(롬 12:2) 라고 했습니다.

과거에는 금가락지를 낀 사람이나 아름다운 옷을 입은 사람에게 관심이 있었지만 구원받은 너희들은 그것보다는 그 사람의 영혼에 대하여 관심을 가지라고 했습니다. 강조될 것은 물질이나 권세가 아니라 하나님이 원하시는 일에 관심을 두어 사람의 영혼과 생명을 사랑하는 것입니다. 그리고 "네 이웃 사랑하기를 네 몸과 같이 하라"(마 19:19)는 말씀은 하나님이 우리 자녀들에게 주신 최고의 법이므로 늘 사랑을 실천하도록 힘써야 합니다. 사랑하는 방법도 예수 그리스도께서 사람을 사랑한 것 같이 하나님의 긍휼하심을 입어 사랑한 것 같이 너희도 사람을 사랑하라고 성경은 말하고 있습니다.

사랑하는 성도 여러분! **우리는 사랑하면서 삽시다. 사랑하게 되면 허다한 죄가 다 덮어져요.** 사랑하는 사람과 함께 걸으면 피곤함이 없습니다. 한 시간을 걸어도 피곤함이 없고 두런두런 이야기하면서 하루 종일 걸어도 실증이 나지 않습니다. 우리는 이 땅에 살면서 부부간에 사랑하고 고부간에도 사랑하고 성도들간에도 사랑하기를 주의 이름으로 축원합니다.

우리는 하나님을 아는 심령을 가지고 살아야 하고, 하나님에 보시기에 아름다운 부분을 가꾸어야 하고, 사람이 보기에도 아름다운 선행을 가지고 살아야 합니다. 예수님의 성장을 보면 키가 자라고 지혜가 자랐다고 했습니다. 외적인 성장도 하고 내적인 성장도 하며 조화를 이루어 갔습니다. 하나님뿐만 아니라 사람이 보기에도 더 사랑스러워 가셨다고 했습니다.

여러분! 우리 신앙생활의 두 주축인 믿음과 행위에 대하여 어떤 사람은 비유하기를 믿음이라고 하는 것은 수레바퀴의 한쪽 바퀴와 같고, 행위라고 하는 것은 나머지 다른 한쪽 바퀴와 같다고 했습니다. 마음에 믿음이 있노라고 하면 행위가 있어야 하며 여기에 전진이 있고 규모 있는 아름다운 신앙 생활을 할 수 있다고 했습니다.

여러분! **믿음은 싹이요 행위는 나무입니다.** 믿음이 나무라고 하면 행위는 열매입니다. 좋은 나무는 좋은 열매를 맺습니다.

"내 형제들아 만일 사람이 믿음이 있노라 하고 행함이 없으면 무슨 이익이 있으리요 그 믿음이 능히 자기를 구원하겠느냐"(약 2:14) 믿음이 행함으로 나타날 때 자기를 구원하고 세상을 변화시킨다고 성경은 말하고 있습니다. 믿음이 행위로 나타나야 합니다. "그러므로 누구든지 나의 이 말을 듣고 행하는 자는 그 집을 반석 위에 지은 지혜로운 사람 같으리니 비가 내리고 창수가 나고 바람이 불어 그 집에 부딪히되 무너지지 아니하나니 이는 주초를 반석 위에 놓은 연고요 나의 이 말을 듣고 행치 아니하는 자는 그 집을 모래 위에 지은 어리석은 사람 같으리니 비가 내리고 창수가 나고 바람이 불어 그 집에 부딪히매 무너져 그 무너짐이 심하니라"(마 7:24-27)

여러분! 세상에는 비와 창수와 바람이 우리를 향하여 불어오고 있습니다. 하나님의 말씀으로 사는 사람은 그 속에서도 살아 남지만, 행위가 없는 사람은 이러한 시련에 넘어지고 맙니다. 여러분! 하나님의 말씀을 들었으면 실천하기를 주의 이름으로 축원합니다. 성경이 이것을 말하고 있습니다. 행함이 없으면 그 믿음의 결국은 실패해 버리고 맙니다. 그러나 믿음으로 행하면 꼭 성공합니다. 반석 위에 지은 집은 절대로 무너지지 않습니다.

오늘날 많은 교회들이 문을 닫는다고 합니다. 군포에서도 많은 교회들이 교역자들이 바뀌기도 하고, 사라지기도 하며 심지어 예배당을 큼지막하게 지어놓고 문을 닫기도 합니다. 왜 그럴까요? 우선순위가 바꾸어졌기 때문입니다. 하나님의 말씀대로 영혼의 가치가 인정되고 예수 그리스도를 먼저 사랑하는 것이 무엇보다도 우선되었다면, 비가 오고 창수가 나고 IMF의 고통이 온다 할지라도 넘어지지 않았을 것입니다.

하나님의 생명이 강조되어야 합니다. 하나님의 말씀대로 살지 않으면 언젠가 실패하고 만다고 성경이 말하고 있습니다. 부딪힘과 무너짐이 심하다고 주님이 말씀하십니다.

행함으로 보여지는 믿음

"만일 형제나 자매가 헐벗고 일용할 양식이 없는데 너희 중에 누구든지 그에게 이르되 평안히 가라 더웁게 하라 배부르게 하라 하며 그 몸에 쓸 것을 주지 아니하면 무슨 이익이 있으리요"(약 2:15-18) 행함이 없는 믿음의 실례를 들고 있습니다. 여러분! 일용할 양식이 없어서 지금 자녀들이 굶고 있는데 지금 이 추위에 땔감이 없어서 차가운 방에서 고생하고 있는데 우리가 전도하러 가서 배고픈 사람을 보며 왜 덥게 하지 않으셨어요? 왜 배부르게 하지 않으셨어요? 왜 먹지 않았어요? 왜 방에 불을 때지 않습니까? 이렇게 말만 하고 돌아온다면 우리의 선행이 어떻게 되겠습니까?

여러분! 상대방을 도울 수 있는 힘이 있을 때 어려운 사람이 있으면 도와주어야 합니다. 도와주지 않고 입으로만 한다면 그 사람은 필경은 물질을 더 사랑하는 사람입니다. 또 동정은 하지 않으면서 동정한다는 명예를 가지기를 원하는 사람입니다. 가난한 사람이 있고 병든 사람이 있으면 도와주어야 합니다. 그것이 우리가 해야 할 일 입니다.

저는 요즘 하나님 앞에 얼마나 감사하고 있는지 모릅니다. 우리 교회는 어느 전도사님이 의사 아닙니까? 의사가 신학을 위해 공부하고 있잖아요. 시간 시간을 내서 오랫동안 누워 있는 노인들을 찾아가서 진찰해 주고 약을 지어 주고 상담을 하고 아픈 부분을 어루만져 준다는 보고를 받고 얼마나 감사한지 몰라요. 저는 여러분을 보면 진주와 같이 느껴지고 때로는 너무 감사해서 눈물을 흘려요. 천 명도 되지 않는 교회가 이 지역 만 명의 노인들을 뒷바라지하기 위해 헌신하고 있는 모습을 볼 때 담임목사의 가슴이 뭉클해집니다. 이 지역에 교회들이 많이 있는데 모든 교회들이 이런 생각을 하고 있다면 독거노인들이 외로워하지 않을 것입니다. 이 지역의 모든 성도들이 우리 성도들처럼 복지회원이 되어 헌신한다면 이 지역뿐만 아니라 대한민국이 달라질 것입니다. 믿습니까? 할렐루야!

진정한 능력이란 많은 성도가 모이는 것이나, 큰 건물을 가지려는 것보다 그리스도의 사랑을 실천하는 것입니다. 우리는 오늘 하나님 앞에 정결하고 더러움이 없는 경건을 나타내는 행함을 가지고 있는 여러분과 제가 되고, 복지 하는 교회, 사랑을 실천하는 교회, 이웃과 함께 아파하는 교회, 그리스도의 사랑을 가슴에 안고 들어가서 그 사람들이 그리스도인이 되게 하고 영원한 하나님의 나라를 바라볼 수 있도록 그렇게 역사하는 저와 여러분이 되기를 주의 이름으로 축원합니다.

성경에 보면 **행함이 없는 믿음은 죽은 믿음이라** 했습니다. 행함이 없는 믿음은 선한 반응이 없는 믿음입니다. 여러분! 죽은 자녀를 보는 부모의 마음이 어떨까요? 제가 보니까 가슴을 쳐요. 죽은 믿음을 가진 성도를 보는 하나님의 마음은 어떨까요? 내가 나서 기르고 공부시킨 자녀가 만약에 죽었다고 생각해 봅시다. 만약 육체가 죽지 않고 양심이 죽었다고 생각해 봅시다. 선한 반응을 보이지 않았다고 생각해 봅시다. 부모님을 보고도 유산에만 관심이 있고, 길러준 것에는 감사도 없고,

물질을 사용해도 부모님의 의도대로 사용하지 않고, 효도할 줄도 모르고, 아버지를 이웃집 아저씨 대하듯 반응하며 어머니를 이웃집 아줌마로 대할 때 그 부모님은 어떨까요? 가슴을 칠 거예요. 분노할 것입니다. 그럴 수가 있느냐? 그렇다면 예수 그리스도를 통하여 우리를 구원시켜 주고 성경을 알게 하고 세속에 물들지 않고 사망의 자리에서 끌어내 주신 하나님의 의도대로 우리가 살지 않는다면, 행위가 따르지 않는다면 하나님은 어떻게 하실까?

여러분! 우리는 살아 있는 믿음을 가지고 있어야 합니다. 할렐루야! 살아 있는 믿음은 하나님을 향하여 사랑을 표현하는 것입니다. 살아 있는 믿음은 주일을 지키고 하나님께 예배드리는 것입니다. 또 다른 살아 있는 믿음은 사람을 사랑하는 믿음이요, 부모님께 효도하는 믿음이요, 가난한 자를 돌아보는 믿음입니다. 오늘 그 믿음을 하나님께서는 우리에게 요구하고 있습니다.

선행이 있어야 참된 믿음

아는 것이 있다고 해서 믿음이 있다고 하지 않습니다. 야고보 사도는 이렇게 말합니다. "네가 하나님은 한 분이신 줄을 믿느냐 잘 하는도다 귀신들도 믿고 떠느니라 아아 허탄한 사람아 행함이 없는 믿음이 헛것인 줄 알고자 하느냐"(약 2:19-20) 아는 것만 가지고 안됩니다. 성령님의 역사로 믿음을 가져야 합니다. 할렐루야!

사도행전에 보면 "악귀가 대답하여 가로되 예수도 내가 알고 바울도 내가 알거니와 너희는 누구냐"(행 19:15) 악한 귀신이 들린 사람도 예수가 누구인지 알고 바울 사도가 누구인지 알았습니다. 그래서 바울 사도가 악귀를 축출하면 악귀가 쫓겨 나가지만 다른 사람이 예수님 이름으로 '악귀야 물러가라' 할 때는 '내가 예수도 알고 바울도 아는데 너는 누구냐?' 하면서 귀신이 달려드는 일이 있었습니다. 악귀도 압니다. 세상사람들도 압니다. 그러나 진정한 신앙은 지식의 생활화가 이루어져야 합니다. 성령님의 감동을 받아야 합니다.

아브라함이 하나님을 믿음으로 귀한 복을 받았습니다. 하나님은 아브라함에게 순종을 요구했습니다. '너희 본토 친척 아비 집을 떠나라'(창 12:1)고 할 때 순종했습니다. 그리고 아브라함을 밖으로 끌고 나가서 "아브라함아 저 별들을 보아라. 내가 저렇게 별들처럼 자손을 주리라"(창 15:5) 할 때 아브라함은 아멘 했습니다. 하나님의 약속이 여러분에게 임할 때 아멘으로 화답하기를 주의 이름으로 축원합니다. 그런데 하나님은 아브라함에게 100세에 아들을 주셨습니다. 아브라함은 너무 너무 감사했습니다. 그런데 그 백세에 얻은 아들을 제물로 드리라고 했습니다. 여러분 같으면 그렇게 하겠습니까? '하나님 차라리 나를 죽이세요' 이렇게 하지 않겠어요? 그러나 아브라함은 아침에 일찍이 일어나서 사랑하는 이삭을 데리고 모리아 산을 향하여 삼일 길을 걸어 갔습니다. 이삭을 제물로 드리기 위해서 이삭을 묶었습니다. 아브라함이 칼로 이삭을 내리칠 때 '아브라함아 아브라함아 손대지 말라'고 했습니다. "사자가 가라사대 그 아이에게 네 손을 대지 말라 아무 일도 그에게 하지 말라 네가 네 아들 네 독자라도 내게 아끼지 아니하였으니 내가 이제야 네가 하나님을 경외하는 줄을 아노라"(창 22:12) 야고보 사도는 아브라함이 믿음으로만 의롭게 된 것이 아니라 "독자 이삭을 드리는 행위로 말미암아 하나님께 인정을 받았느니라"(약 2:21)는 말씀을 하고 있습니다. 사랑하는 성도 여러분! 우리도 하나님께서 무엇을 요구하시더라도 아브라함처럼 믿음을 가지고 아멘으로 대답하시기를 바랍니다.

자신을 구원하는 믿음은 행위가 동반되어야 합니다

여호수아가 정탐꾼을 라합이 사는 마을에 보냈습니다. 그런데 그 성 안에 있는 기생 라합은 정탐꾼을 보았을 때 이스라엘이 승리할 것을 알았습니다. 그래서 자기 성에 들어온 정탐꾼을 잘 보호해서 잡히지 않게 했습니다. 이스라엘의 승리만 알았다고 해서 자기가 보호받느냐? 그렇지 않다는 것을 성경 본문이 말하고 있습니다. 함께 야고보서를 읽어 봅시다. "이로 보건대 사람이 행함으로 의롭다 하심을 받고 믿음으로만 아니니라 또 이와 같이 기생 라합이 사자를 접대하여 다른 길로 나가게 할 때에 행하므로 의롭다 하심을 받은 것이 아니냐 영혼 없는 몸이 죽은 것 같이 행함이 없는 믿음은 죽은 것이니라"(약 2:24-26)

사랑하는 성도 여러분! 오늘날 그리스도인들이 왜 빛을 잃었습니까? 과거에는 얼마 되지 않는 성도들을 통하여 3.1운동 때 크게 영향을 주었습니다. 교육계를 우리 기독교인들이 지배했었습니다. 정치계를 흔들었습니다. 과거에는 그러했는데 지금은 어떠합니까? 아무 큰 일을 못하고 있는 것이 현실입니다. 그 이유는 행위가 없어서 그렇습니다. 신앙은 이상이나 이론이 아닙니다. 삶입니다. 그 삶은 공의롭고 정직하며 사랑합니다. 그 삶은 권위를 존중하고 그 하나님 말씀에 순종하고 하나님께 감사하고 부모에게 감사하고 이웃에게 감사하는 것입니다. 그 삶은 가정에서는 효도하고, 이해와 용서할 줄 알고, 어디에 가면 섬기는 일입니다. 가난한 사람들을 구제할 줄 아는 것이 그리스도의 삶입니다. 그런데 그 삶이 없어졌습니다. 눈에 보이는 것만 따라갔습니다. 편견에 붙잡혀 있는 우리 그리스도인이 너무 많이 있었습니다. 오늘 말씀을 통하여 행함의 중요함을 알게 되기를 주의 이름으로 축원합니다. 그리고 행하게 되시길 주의 이름으로 축원합니다. 마음으로 하는 사랑에 무슨 열매가 있겠습니까? 사랑은 표현되어야 합니다. 선하게 살려고 생각만 한다고 되겠습니까? 선한 것이 표현되어야 합니다. 부부간에 내가 마음으로 사랑한다고 해서 아내가 감동을 받습니까? 감동 받지 않습니다. 사랑은 표현되어야 합니다. 내 이웃이 가난한데 저 집을 도와줘야 하는데 하며 마음만 가지고 있다면 그 사람을 의로운 사람이라고 말할 수 있겠습니까? 표현되어야 합니다. 행함이 없는 믿음은 그 자체가 죽은 것입니다(약 2:26) 살아 있는 사람은 표현하게 되어 있고 움직이며 활동하게 되어 있습니다.

크리스천인 저와 여러분 어떻게 해야만 하나님의 뜻대로 살 수 있을까요? 성령을 받아야 합니다. 무릎을 꿇어야 합니다. 기도해야 합니다. 사도행전에서 "오직 성령이 너희에게 임하시면 너희가 권능을 받고 예루살렘과 온 유대와 사마리아와 땅 끝까지 이르러 내 증인이 되리라 하시니라"(행 1:8) 라고 했습니다. 하나님의 말씀대로 행함을 동반하려면 성령을 받아야 합니다. "내게 능력 주시는 자 안에서 내가 모든 것을 할 수 있느니라"(빌 4:13) 라고 했습니다.

오늘부터 기도함으로 성령 충만을 받아서 알고 있는 지식이 생활로 나타나는 교인, 가정과 사회를 바꿀 수 있는 축복 받은 여러분이 되시길 주의 이름으로 축원합니다.

즐거웁게 삽시다

새롭게 시작된 한 해가 여러날 지났습니다. IMF로 온 나라가 망할 것 같은 위기속에서도 하나님의 은혜로 경기가 회복되고 공장가동률이 늘어간다고 하니 너무나 감사한 일입니다.

그동안 우리는 일의 소중함을 너무 몰랐던 것 같습니다. 그나마 경제적 위기로 실직자가 늘어나면서 일하는 기쁨이 얼마나 큰 것인가 깨닫고 있지만 요즘에도 더럽고 위험하고 힘든 일을 하는 곳에는 사람을 구하지 못해 생산에 차질이 있다고 하니 아직도 일의 소중함을 더 알아야 될 것 같습니다. IMF전에 외국인들이 감당했던 일들을 지금은 우리의 근로자들이 해야 되는데 그 자리가 채워지지 않고 있다는 것입니다.

우리는 이제 과거의 가난했던 역사를 다시 한 번 생각해야 합니다. 사치와 낭비는 절제하고 사람을 잘 키워 이 시대에 빛과 소금의 사명을 감당하라는 주님의 뜻을 받들고 나가야 합니다. 성경에도 "일하기 싫어하거든 먹지도 말게 하라"(살후 3:10)는 말씀이 있습니다. 이젠 돈과 명예보다도 자신에게 주어진 일을 열심히 감당합시다. 그렇게 되면 물질, 명예도 함께 주어질 것입니다. 또 주의 일을 맡은 부서장이나 교사들도 주의 일의 소중함을 알아야 합니다. 특별히 주님의 종의 사역을 감당하는 이들은 분초를 아껴서 신령한 일을 감당해야 합니다. 그렇지 않으면 촛대가 옮겨져 하고 싶어도 일할 수 없는 환경이 도래 될 수도 있기 때문입니다.

이젠 즐거운 마음으로 살아가며 내일의 영광된 날을 위해서 차분히 준비해 봅시다. 부족한 종은 우리 교회에 속한 성도들이 보배처럼 느껴져 행복을 느끼며 살고 있습니다. 적은 능력을 가지고 최선을 다하는 성도들, 순종을 미덕으로 알고 섬김의 철학을 가진 직분자들, 멀지 않은 장래에 하나님이 높여 놓으리라는 설레임으로 또 한번 행복을 맛보게 합니다.

사랑하는 성도 여러분! 영육의 일하는 즐거움을 주 안에서 찾고 승리하시길 바라며 부귀와 장수의 복을 한 몸에 지니신 창조주의 능력으로 환경과 자신을 아름답게 가꾸는데 함께 동역합시다. 할렐루야!

6

혀의 통제와 말

"내 형제들아 너희는 선생된 우리가 더 큰 심판 받을 줄을 알고 많이 선생이 되지 말라 우리가 다 실수가 많으니 만일 말에 실수가 없는 자면 곧 온전한 사람이라 능히 온 몸도 굴레 씌우리라 우리가 말을 순종케 하려고 그 입에 재갈 먹여 온 몸을 어거하며 또 배를 보라 그렇게 크고 광풍에 밀려 가는 것들을 지극히 작은 키로 사공의 뜻대로 운전하나니 이와 같이 혀도 작은 지체로되 큰 것을 자랑하도다 보라 어떻게 작은 불이 어떻게 많은 나무를 태우는가 혀는 곧 불이요 불의의 세계라 혀는 우리 지체 중에서 온 몸을 더럽히고 생의 바퀴를 불사르나니 그 사르는 것이 지옥불에서 나느니라 여러 종류의 짐승과 새며 벌레와 해물은 다 길들므로 사람에게 길들었거니와 혀는 능히 길들일 사람이 없나니 쉬지 아니하는 악이요 죽이는 독이 가득한 것이라 이것으로 우리가 주 아버지를 찬송하고 또 이것으로 하나님의 형상대로 지음을 받은 사람을 저주하나니 한 입으로 찬송과 저주가 나는도다 내 형제들아 이것이 마땅치 아니하니라 샘이 한 구멍으로 어찌 단 물과 쓴 물을 내겠느뇨 내 형제들아 어찌 무화과나무가 감람 열매를, 포도나무가 무화과를 맺겠느뇨 이와 같이 짠 물이 단 물을 내지 못하느니라" (약 3:1-12)

혀의 통제와 말

하나님은 모든 피조물들에게 각각 살아가는 방법들을 주셨습니다. 저 하늘을 나는 독수리에게는 큰 날개를 주셨습니다. 또 타조와 같은 무기가 없는 것들에게는 잘 달려서 원수에게 잡히지 않도록 뛰는 실력을 주셨습니다. 바다를 헤엄쳐 다니는 물고기에게는 지느러미를 주어서 그 넓은 바다를 힘차게 헤엄쳐 다닐 수 있는 기능을 주셨습니다. 그런 것처럼 하나님의 형상으로 지음 받은 우리 인간들에게도 지혜를 주셨습니다. 그리고 영혼을 주시고 모든 동물이 생각할 수 없는 고도의 지능을 우리에게 주셨습니다.

또 고도의 지능을 주신 하나님께서 우리에게는 큰 은혜를 주셨는데, 우리의 영혼을 구원해 주셨습니다. 영혼 구원을 시켜 주신 하나님이 또 우리를 향해서 너희는 세상과 구별해서 살아라 그랬습니다. 그리고 너희는 이 세대를 본받지 말고 오직 마음을 새롭게 하므로 변화를 받아 하나님의 선하시고 기뻐하시고 온전하신 뜻이 무엇인가 분별하면서 살도록 하라고 말씀 했습니다. 사람답게 살아야 사람이고, 성도답게 살아야 성도입니다. 사람으로 태어났으면 사람답게 살아야 되고, 구원받았으면 성도답게 살라는 것이 하나님의 명령인 것입니다.

하나님께서 야고보 사도를 통해서 지난 시간에 우리에게 주신 말씀이 있습니다. 아브라함처럼 살아라. 너희가 다 믿음으로 구원을 받지만 믿음으로만 아니라 행위가 믿음을 온전케 하느니라 그랬습니다. 그래서 야고보 사도는 말하기를 아브라함이 독자 이삭을 하나님의 뜻대로 모리아 산에서 제물로 드렸는데 그것이 바로 아브라함이 하나님 앞에서 큰복을 받을 수 있는 과정이었다고 말씀 합니다. 왜냐하면 비록 이삭이 드려져야 될 그 장소에서 양이 죽어 불태워졌지만 아브라함의 마음은 이미 하나님께 드려진 것입니다. 그래서 아브라함이 믿음으로만 구원 받았느냐? 믿음으로만 인정받았느냐? 아브라함은 행위로 하나님 앞에 더 큰 인정을 받았느니라 이렇게 야고보 사도가 말씀 했습니다.

그러면서 또 한 사람을 예로 들었는데 여자 중 가장 천한 직업의 여인인 기생 라합을 야고보서 2장에 예화를 들었습니다. 라합이 이스라엘의 정탐꾼을 숨겨주었다. 숨겨줄 마음만 가지고 라합이 보호 받을 수 있었겠느냐? 숨겨주므로 이스라엘 백성들이 그 성을 함락하여 지배했을 때 라합을 보호해 주지 않았느냐! 생각만 가지고 그가 그 성에서 구원을 받았느냐? 아니다. 바로, 정탐꾼을 도와주고 잡히지 않게 협력하므로 자기가 죽어야 될 상황에서 보호를 받지 않았느냐? 그러므로 "영혼 없는 몸이 죽은 것 같이 행함 없는 믿음은 죽은 것이니라"(약 2:26)고 했습니다. 그러므로 신앙생활을 할 때 행위가 있어야 산 믿음이고 산 믿음을 가져야 환경을 바꾸고 산 믿음을 가져야 창조적인 하나님의 능력을 이 땅에 끌어 내릴 수 있다는 것입니다. 믿습니까? 죽은 믿음을 가지고는 안 된다는 것입니다.

말에 실수가 없는 자면 온전한 사람입니다

"내 형제들아 너희는 선생된 우리가 더 큰 심판 받을 줄을 알고 많이 선생이 되지 말라"(약 3:1) 그랬습니다. "우리가 다 실수가 많으니 만일 말에 실수가 없는 자면 곧 온전한 사람이라 능히 온 몸도 굴레 씌우리라"(약 3:2) 고 했어요. 스승이 된 자는 말을 많이 하게 되는데 스승이 말의 실수를 하게 되면 제자에게 큰 문제가 일어나게 됩니다. 특히 지도자의 말실수는 대단히 큰 문제입니다. 말을 많이 하는 직업인 교사가 제자들 앞에서 말의 실수를 해버리면 아직 판단이 어린 학생들에게는 큰 문제를 일으킵니다. 그래서 성경은 말의 실수가 많으니 가르치는 사람, 즉 선생된 사람은 특별히 조심해야 된다고 강조하고 있습니다.

언어는 마음의 표현입니다. 악한 사람은 악한 말을 하고 선한 사람은 선한 말을 합니다. 성경은 말하기를 "여호와를 경외하는 것은 악을 미워하는 것이라 나는 거만과 교만과 악한 행실과 패역한 입을 미워하느니라"고 잠언서 8장 13절에 말하고 있습니다.

여러분! 인간의 혀로 표현되는 말은 환경과 자신의 인생을 행복하게도 만들고 파멸시키게도 합니다. "유순한 대답은 분노를 쉬게 하여도 과격한 말은 노를 격동하느니라 지혜 있는 자의 혀는 지식을 선히 베풀고 미련한 자의 입은 미련한 것을 쏟느니라 여호와의 눈은 어디서든지 악인과 선인을 감찰하시느니라 온량한 혀는 곧 생명나무라도 패려한 혀는 마음을 상하게 하느니라"(잠 15:1-4) "지혜로운 자의 입술은 지식을 전파하여도 미련한 자의 마음은 정함이 없느니라"(잠 15:7) "의인의 마음은 대답할 말을 깊이 생각하여도 악인의 입은 악을 쏟느니라"(잠 15:28)고 했습니다.

여러분! 어떤 분은 화가 나면 뭐 못할 말이 있느냐고 합니다. 하지만 아무리 화가 나도 못 할 말이 있습니다. 여러분! '죽인다' 는 말 들어 보셨지요? 저는 많은 사람들이 임종하는 것을 봤어요. 임종하는 것을 지켜보고 있노라면 숱한 생각을 하게 됩니다. 미인도 숨 떨어지면 매력이 없어요. 권세자도 숨 떨어지니까 아무 권세가 나타나지 않아요. 사랑하는 사람들도 숨 떨어지니까 그를 사랑하고 찾던 사람들이 그 옆에 오지도 않습니다. 눈은 감겨졌고 심장은 정지되었습니다. 그것이 죽음이에요. 사랑을 표현하고 감사를 표현하고 찬양할 수 있고 따뜻한 손을 맞잡고 먼 길을 함께 갈 수 있는 사람이 죽는다고 생각해 보십시오. 생각조차 하고 싶지 않으시지요?

그런데 화가 나면 '너 죽인다'고 하는데 아무리 화가 나도 '너 죽인다'고 하는 그런 극단적인 소리는 하지 말아야 합니다. 습관적으로 죽이겠다고 말합니다만 저는 죽이겠다는 소리는 절대로 안 합니다. 얼마나 무서운 말입니까? 육체가 죽은 것을 생각해 보세요. 아무 매력이 없어요. 길 가던 사람들조차 죽은 사람이 있으면 삥 돌아서 가버립니다. 살아 있을 때는 따뜻한 이불이 덮여지지만 죽으면 가마니가 덮여집니다. 죽인다는 말은 인생을 그렇게 비참하게 만듭니다.

또 한 가지 입에 담지 말아야 할 말이 있어요. 부부간에 싸우다가 '이혼합시다' 라고 말하면 안됩니다. 이혼하면 어떻게 되는지 아십니까? 애들은 고아가 됩니다. 결혼해서 사랑으로 잘 일구어 왔던 가정이 깨지는 것입니다. 서로 살다가 헤어지게 되면 서로 죽으라고 합니다. 그리고 상대방을 낳아서 길러주신 부모까지 욕합니다. 당신 부모에게 그렇게 배웠느냐 하면서 서로의 가슴에 상처를 입히는 것입니다. 이런 말을 해서는 안 됩니다. 부부 싸움은 부부간으로 끝나야지 부모를 욕하고 조상에 상처를 입히는 것은 크게 잘못된 것입니다.

제가 어떤 집에 갔는데요. 노인이 시골 마루에 걸터 앉아서 울어요. 눈물을 흘리며 울고 있어요. 제가 '왜 우세요?' 물었더니 목메인 소리로 '내가 화냥년인가! 그래서 울고 있어요.' 저게 무슨 소린가 처음에는 잘 몰랐습니다. 왜요? 그랬더니 아 얼마 전에 부부가 싸웠대요. 며느리가 남편을 향해서 '뭔 년의 자식'이라고 그랬대요. 시어머니가 가슴을 찔끔한 것입니다. 아이고 내가 부정하게 해서 내 아들을 낳았단 말인가? 비수로 도려낸 듯 했답니다. 섭섭해 가지고 눈물을 흘리고 있더라구요.

우리는 말을 할 때 깊이 생각해서 상대와 주위 사람들도 생각하면서 말하는 의인의 마음을 가지시길 주의 이름으로 축원합니다. 사람이 온전케 되려면 여호와를 경외해야 됩니다. 인간 지식과 생각이 하나님 말씀과 성령의 인도함을 받을 때에 비로소 거기에 사랑하는 말이 나오게 되어 있습니다. 나는 당신을 사랑합니다. 당신은 예수님의 피 값으로 산 귀한 분입니다. 당신이야말로 대단히 귀한 사람입니다. 상대의 가치를 바로 볼 수 있고 주님을 찬양하게 되면 감사가 온 가슴을 지배하게 되는 것입니다. 사랑하는 성도 여러분! 의인의 마음은 대답할 말을 깊이 생각한다고 했는데 그런 마음을 가지시길 주의 이름으로 축원합니다.

말은 인간의 생각과 행동을 다스립니다

"우리가 말을 순종케 하려고 그 입에 재갈을 먹여 온 몸을 어거하며 또 배를 보라 그렇게 크고 광풍에 밀려가는 것들을 지극히 작은 키로 사공의 뜻대로 운전하나니"(약 3:3-4).의사들은 모든 언어가 인간의 중추신경을 좌우한다고 말합니다. 언어신경이 인간의 모든 중추신경을 좌우한답니다. 그러므로 언어가 인간의 삶을 지배한다는 것입니다. 언어는 행동을 지배하기 전에 마음을 지배하게 됩니다. 마음이 혼돈 될 때에는 긍정적인 말을 하게 되면 마음과 생각이 빛이 나고 질서가 생긴

다는 것입니다. 할렐루야! 부정적인 사람 옆에 가게 되면 골치 아픕니다. 그러나 좋은 말을 하는 사람 옆에 가게 되면 좋은 아이디어가 막 떠오릅니다.

하나님의 말씀에는 창조의 능력이 있어요. '땅이 있으라' 하니 땅이 생겨났고, '빛이 있으라' 하니 빛이 창조되었고, '갈라지라' 하니 바다와 육지가 나뉘어졌습니다. 하나님의 말씀에는 권세가 있어요. 여러분은 하나님의 백성으로 성령 받은 사람들이므로 여러분의 입술에도 창조적인 능력이 있고 권세가 있습니다. 할렐루야! 바울 사도가 명하니까 마귀가 물러가고 베드로가 명하니까 병마가 물러 갔잖습니까? 그러므로 예수 그리스도를 의지하면서 복된 말을 하는 지혜를 가지고 살아야 됩니다.

성경은 말하기를 "생명을 사랑하고 좋은 날 보기를 원하는 자는 혀를 금하여 악한 말을 그치며 그 입술로 궤휼을 말하지 말고"(벧전 3:10)그랬습니다. 로마서 10장 17절에 "믿음은 들음에서 나며 들음은 그리스도의 말씀으로 말미암았느니라" 그랬습니다. 선을 말하고 성경을 말하는 사람은 선한 사람을 만들고 믿음을 가진 자를 만든다는 것을 믿게 되길 바랍니다. 믿음이 없고 좋은 환경을 가지지 못한 것은 복된 언어를 가지지 못해서 그렇습니다. 복된 언어를 가진 사람이 그 가정에 있다면 또는 회사에 있다면, 바로 자기가 그런 사람이라면, 복된 삶이 시작 되는 것입니다. 로마서 3장에서 바울 사도는 안타까운 심정으로 이런 말을 합니다. "다 치우쳐 한가지로 무익하게 되고 선을 행하는 자는 없나니 하나도 없도다 저희 목구멍은 열린 무덤이요 그 혀로는 속임을 베풀며 그 입술에는 독사의 독이 있고 그 입에는 저주와 악독이 가득하고 그 발은 피 흘리는데 빠른지라"(롬 3:12-15)라고 말합니다.

사랑하는 성도 여러분! 우리는 믿음을 가집시다. 할렐루야! 믿음을 가지고 살아야 합니다. 열린 무덤처럼 살지 말아야 합니다. 독사의 독 대신에 축복하는 입을 가져야 됩니다.

오늘 야고보 사도는 혀를 세 가지로 비유했습니다. 혀는 말의 입에 물려있는 재갈(약 3:3)로 표현했습니다. 아무리 힘이 좋은 말이라도 재갈을 물려서 마부가 재갈을 당기면 중단하는 것입니다. 재갈을 물려서 말의 방향을 좌우하게 합니다. 소는 어떻게 합니까? 아무리 힘센 소도 코를 꿰어서 당기면 코가 아파서 따라옵니다. 인간의 혀도 말의 재갈 같은 부분이지요. 배에 비유하자면 키와 같은 것(약 3:4)입니다. 비록 작은 것이지만 키를 잘못 운전해 버리면 암초에 부딪힙니다. 빙산에 부딪히면 좌초하고 맙니다.

또 혀는 무엇이라고 이야기합니까? 나무를 태우는 작은 불씨(약 3:5)와 같다고 합니다. 아주 작은 불씨이지만 산에 가서 불을 놓으면 온 산을 잿더미로 만들어 버립니다. 얼마 전에 어느 곳에 불이 나서 지금도 피해를 본 분들이 어려움을 당하고 있다는 것을 텔레비전에서 보았습니다. 작은 불이 온 동리를 사릅니다. 혀의 역할도 이러합니다. 인간의 혀를 통해서 나오는 말은 바른 길을 가게도 하지만 불행하게 할 수도 있고 불행한 길을 막을 수도 있는 것입니다. 때로는 혀를 잘 못 놀리면 환난을 자초할 수도 있습니다.

우리 나라 한 장관이 말 한마디 잘못해서 장관자리에서 쫓겨났습니다. 어느 일본 관리가 말 한마디 잘못해서 우리 한국 사람에게 규탄의 대상이 되는 것을 보았습니다. 지금 같은 때에 대통령이 말 한마디 잘못 했다고 생각해 보십시오. 나라가 뒤숭숭해집니다. 말 한마디 잘못하는 것 가지고 때로는 많은 사람들 가슴에 상처를 줄 수가 있어요. 사랑하는 성도 여러분! 혀를 잘 훈련하게 되길 주의 이름으로 축원합니다. 축원합니다.

복된 언어는 진리와 성경에 순응할 때 가능합니다

오늘 읽은 성경 구절에 말을 만드는 혀는 길들일 방법이 없다고 말씀 하고 있습니다. 그러나 복된 언어는 진리와 성경에 순응할 때 가능합니다. "혀는 곧 불이요 불의의 세계라 혀는 우리 지체 중에서 온 몸을 더럽히고 생의 바퀴를 불사르나니 그 사르는 것이 지옥 불에서 나느니라 여러 종류의 짐승과 새며 벌레와 해물은 다 길들므로 사람에게 길들었거니와 혀는 능히 길들일 사람이 없나니 쉬지 아니하는 악이요 죽이는 독이 가득한 것이라" (약 3:6-8)고 했습니다. "이것으로 우리가 주 아버지를 찬송하고 또 이것으로 하나님의 형상대로 지음을 받은 사람을 저주하나니"(약 3:9)라고 했습니다. 한 입으로 찬송과 저주가 나는도다 "내 형제들아 이것이 마땅치 아니하니라" (약 3:10)고 말씀하고 있습니다.

사랑하는 성도 여러분! 우리의 입술이 하나님을 찬양했으면 사람을 사랑하는 입술도 가지게 되시길 주의 이름으로 축원합니다. 좋은 환경을 원하는 사람은 좋은 말을 하려고 노력을 하세요. 사랑 받기를 원하는 사람은 사랑하는 말을 하세요. 귀히 여김을 받기 원하면 상대를 귀히 여기십시오. 다 메아리가 되어서 좋은 환경이 되어 저와 여러분에게 돌아온다는 것을 믿게 되시기를 주의 이름으로 축원합니다.

오늘 성경에 보니까 "내 형제들아 어찌 무화과나무가 감람 열매를 포도나무가 무화과를 맺겠느뇨 이와 같이 짠 물이 단 물을 내지 못하느니라"(약 3:12) 성경이 말하기를 "사람이 마음으로 믿어 의에 이르고 입으로 시인하여 구원에 이르느니라"(롬 10:10)했습니다.

우리는 늘 자신을 축복할 줄 알아야 합니다. 나는 복된 사람이라고 말할 줄 알아야 합니다. 나는 앞으로 더 나은 삶을 살 수 있는 사람이라고 자신을 축복할 줄 알아야 합니다. 언제든지 자기의 꿈을 강하게 이야기 할 줄 알아야 합니다. 나는 훌륭한 장로가 되고 훌륭한 목사가 되고 나는 훌륭한 집사가 되고 우리 남편은 훌륭한 사람이 될 수 있다는 믿음의 소리를 해야 합니다. 할렐루야!

저는 '할 수 있다' 는 말을 자주 했는데 빈번히 이런 말을 하다 보니까 믿음이 더 생겨요. 제 책을 보신 분들은 다 아실겁니다. 아내는 저에게 '목사님은 성공할 수 있어요. 모든 어려움을 극복할 수 있고 우리 교회는 부흥할 겁니다. 낙심하지 말고 서둘지 말아요. 하나님이 부흥시켜 주실 것입니다.' 라고 희망찬 말로 용기를 북돋아 주었습니다. 때로는 어느 집사님들이 와서 '목사님! 우리 교회가 많이 부흥할 것 같아요. 목사님 힘내세요. 제가 돌아다녀 보니까 하나님이 우리 교회를 축복하는 흔적이 나타나요.' 그런 이야기를 들을 때 제가 '아멘' 그럽니다. 여러분 잘 될 것입니다. 믿습니까? 입에 발린 소리가 아니라 믿음으로 안 된다고 하는 것보다 잘 될 것이라는 긍정적인 소리가 믿음의 소리입니다.

성경이 말합니다. "예수께서 이르시되 할 수 있거든이 무슨 말이냐 믿는 자에게는 능치 못할 일이 없느니라"(막 9:23)고 했습니다. 사람은 입술을 길들일 수 없지만 하나님은 길들일 수 있습니다. 할렐루야! 성령 받으면 긍정적인 말이 나와요. 성령 받으면 못한다는 말이 생기지 않습니다. 내게 능력 주시는 자 안에서 내가 모든 것을 할 수 있습니다(빌 4:13). 자기의 잠재적 능력도 칭찬할 줄 알고 상대가 가지고 있는 속에 있는 믿음의 능력도 알 수 있는 것입니다.

성경이 말하기를 "네 이웃을 네 몸과 같이 사랑하라"(막 12:33)그랬습니다. 그런데 제가 어느 책을 읽다 보니까 미국의 전도자 빌 글라드라는 사람이 미국의 교도소에 가서 재소자를 만나서 '당신은 부모에게 어떤 소리를 들어보았느냐?'고 물어 봤더니 90% 이상이 '너 같은 자식은 결국 교도소에 갈거야' 하는 소릴 들었대요. 얼마나 말을 안 들었으면 부모가 '너 같은 자식은 교도소에 갈거야' 했겠습니까마는 부모님의 말이 얼마나 중요한지 모릅니다. 우리도 좀 말을 안 들어도 '너 같은 자식은 하나님이 고쳐서 성자로 만들거야' 이렇게 얘길 해 봅시다. 표현을 은혜스럽게 할 줄 알아야 합니다. '당신은 성공할 수 있어요' 이런 말을 할 줄 알아야 합니다. 괴테라고 하는 사람은 말하기를 '인간을 보이는 대로 대접하면 결국 그 보다 못한 자를 만들게 된다'고 했습니다. 잠재력대로 대우하다가 보면 그 보다 큰 자를 만든다는 것입니다. 인간의 잠재력, 믿음의 실력을 보면서 우리는 긍정적인 말을 하고 축복된 말을 많이 하시길 주의 이름으로 축원합니다.

사람은 길들일 수 없는 혀인데 하나님은 길들일 수 있어요. 길들이는 것은 성령의 지배받는 사람이 되면 긍정적인 사람이 되고, 타인을 나보다 낮게 여기게 되고, 상대를 향해서 믿음의 눈으로 바라보면서 기도하게 됩니다. 성경이 이런 말씀을 합니다. "구하라 그러면 너희에게 주실 것이요 찾으라 그러면 찾을 것이요 문을 두드리라 그리하면 너희에게 열릴 것이니 구하는 이마다 받을 것이요 찾는 이가 찾을 것이요 두드리는 이에게 열릴 것이니라"(눅 11:9-10) 아무 것도 가지지 않더라도 실망하지 않습니다. 왜요? 주신다고 했거든요. 구하면 주신다는 믿음을 가지고 하십시요. 여러분! 오랫동안 찾지 못해도 실망하지 않아요. 그냥 찾는 것입니다. 문이 꽉 닫혀 있어도 실망하지 않아요. 두드리는 것입니다. 믿는 사람은 절대 실망하지 않습니다. 믿는 자의 말에는 능력이 있고 남을 살리는 능력이 있습니다. 때로는 자기를 살리는 능력도 있습니다.

사랑하는 성도 여러분! 한 해를 맞이하면서 소망 가운데 즐거워합시다. 할렐루야! 저는 우리 성도중에는 명절이면 시골로 많이 내려 가실 분이 계실 줄 압니다. 제가 시골에 다녀온 분에게서 들은 얘기인데 친척들이 모이면 싸우고 헤어지는 가정이 적지 않다고 합니다. 왜 그렇습니까? 과거의 유산 문제라든지 형제들이 섭섭하게 한 것을 한 마디 하다가 보면 마음에 엄청난 상처를 가지고 울면서 헤어지는 사람이 있습니다. 여러분! 이번 구정 새해에는 친척을 향하여 축복을 하고 여러분이 좀 손해를 보았다 할지라도 하나님이 분명히 갚아줄 것이라는 믿음을 가지고 상대를 축복하고, 부모님을 축복하고, 부모님을 구원시키고 돌아오시는 여러분이 되시길 주의 이름으로 축원합니다.

여러분의 혀는 사람은 길들이지 못하지만 하나님은 길들일 수 있습니다. 여러분의 마음을 하나님이 바꾸어 놓으실 것입니다. 바꾸어진 마음 구원받은 백성으로 '나는 예수 그리스도의 피 값이다'. '돈을 많이 주고 산 물건이 귀하듯이 하나님이 나를 예수 그리스도의 피로 샀으니 나는 보통 사람이 아니다. 원수 마귀가 나를 지배하지 못한다' 는 믿음을 가지고 세상을 당당하게 거룩하게 아름답게 멋있게 살아가게 되시길 주의 이름으로 축원합니다.

당신은 꿈이 있습니까?

수많은 사람이 같은 환경 속에서 살아갑니다. 그런데 그 속에서도 미래의 행복을 꿈꾸는 사람과 아무 생각 없이 무의미하게 하루 하루를 보내는 사람은 마음가짐이 아주 다릅니다. 작은 방에서 책과 씨름하면서 고시를 준비하는 이들의 눈은 빛이 납니다. 또 기도원의 골짜기에 무덤처럼 만들어진 기도실의 기도는 어둠 속에 한줄기 빛을 비추이는 생명의 역사로 나타납니다. 그뿐 아닙니다. 사경을 헤매는 사람도 천국을 믿는 믿음을 가졌을 때는 좌절하지 않고 소망 중에 조용히 천국 가는 길을 준비하게 됩니다.

여러분에게는 어떤 꿈이 있습니까? 학생 여러분은 무엇을 위해 공부하십니까? 장래에 무엇이 되기를 원하십니까? 구약성경에 나오는 요셉은 하나님이 주신 약속을 온전히 믿었습니다. 형제들에게 부모님보다 더 큰 사람이 될 수 있다는 꿈을 말했습니다. 요셉은 하나님의 계획을 계속 말했습니다.

"요셉이 다시 꿈을 꾸고 그 형들에게 고하여 가로되 내가 또 꿈을 꾼즉 해와 달과 열한 별이 내게 절하더이다 하니라"(창 37:9) 그 결과 형제들에게 시기를 받았습니다. "그가 그 꿈으로 부형에게 고하매 아비가 그를 꾸짖고 그에게 이르되 너의 꾼 꿈이 무엇이냐 나와 네 모와 네 형제들이 참으로 가서 땅에 엎드려 네게 절하겠느냐"(창 37:10) 형제는 시기했으나 하나님은 요셉의 믿음을 보시고 자신의 계획대로 요셉의 꿈을 현실로 만들어 주셨습니다.

사랑하는 성도 여러분!

하나님이 주신 말씀 속에서 꿈을 가지세요. 그리고 현실이 어떠하든지 믿음으로 환경을 극복하면 그 꿈을 꼭 이루어 주십니다. 부족한 종에게도 꿈이 있습니다. 온 성도들이 보배처럼 하나님의 사랑과 보호를 받게 되고, 세계에서 가장 이상적인 교회로서 실버타운과 청소년들을 훈련을 통하여 삶이 있는 크리스천으로 만들어 갈 것입니다. 그리고 많은 영혼들이 찾아와 교회와 함께 평안을 누리게 될 것입니다.

또한 몇 년 후에는 복지하는 교회로서 한국교회에 모델로 제시될 것입니다. 이제 온 성도는 꿈을 갖고 준비하면서 우리의 본향인 천국을 바라보며 그 어떤 형편에도 실망하지 말아야 할 것입니다. 우리에게는 하나님의 긍휼하심과 예수 그리스도의 구속의 보혈이 있습니다. 항상 기뻐할 일, 쉬지 않고 기도하고 범사에 감사할 일만 계속해서 있을 것입니다.

사랑하는 성도 여러분!

하나님은 여러분을 사랑하십니다. 자기가 하고자 하는 분야에 최고가 되겠다는 꿈을 가지세요. 주님처럼 섬김으로 나가면 꼭 이루어질 것입니다. 꿈이 있는 사람은 믿음의 말을 합니다. 또 믿음대로 행하게 됩니다. 할렐루야. 승리의 노래가 우리의 영원한 노래가 될 것입니다.   아멘.

7

열매를 보면 지혜를 안다

"너희 중에 지혜와 총명이 있는 자가 누구뇨 그는 선행으로 말미암아 지혜의 온유함으로 그 행함을 보일지니라 그러나 너희 마음 속에 독한 시기와 다툼이 있으면 자랑하지 말라 진리를 거스려 거짓하지 말라 이러한 지혜는 위로부터 내려온 것이 아니요 세상적이요 정욕적이요 마귀적이니 시기와 다툼이 있는 곳에는 요란과 모든 악한 일이 있음이니라 오직 위로부터 난 지혜는 첫째 성결하고 다음에 화평하고 관용하고 양순하며 긍휼과 선한 열매가 가득하고 편벽과 거짓이 없나니 화평케 하는 자들은 화평으로 심어 의의 열매를 거두느니라" (약 3:13-18)

열매를 보면 지혜를 안다

지난 주간에는 하나님께서 우리에게 말과 혀에 대한 말씀를 주셨습니다. 인간의 지체 중에서 뼈도 없고 아름다움도 없는 이 혀가 바로 말의 향방을 좌우하는 말의 재갈과 같은 그런 역할을 감당을 한다고 말씀 드렸습니다.

또 인간의 혀는 큰 배의 운명을 좌우하는 키와 같다고 그랬습니다. 여러분! 아무리 많은 물건을 싣고 많은 사람을 태워서 간다 할지라도 뒤에 붙어 있는 작은 키가 잘못 돼 버리면 암초에도 부딪히고 처음 목적하였던 장소와는 다른 엉뚱한 데로 갈 수도 있습니다.

그리고 또 한 가지 비유하기를 불과 같다 했습니다. 불은 잘 이용하면 추위를 이기는데 도움이 되고 또 많은 쇠를 녹여서 좋은 물건을 만들고 또 우리 생활에 굉장히 유익하지마는 이 불을 잘못 썼을 때는 집을 사르고 산을 숯덩이로 만들어 버리고 자연을 파괴하는 그런 것이 된다 그랬습니다. 그래서 인간의 혀가 대단히 중요합니다. 인간의 말이 대단히 중요하다고 하면서 야고보는 이런 말을 하죠. 좋은 사람은 좋은 말을 하고 악한 사람은 악한 말을 한다. 그리고 한 입으로 찬송과 저주가 나온다 그랬습니다. 내 형제들아 이것이 마땅치 아니하니라 그런 이야기입니다. 한 샘에서 어떻게 단 물과 쓴 물을 낼 수 있느냐? 그렇게 말 하고 있습니다. 그럼 단 물은 뭡니까? 찬송하는 입술은 단 물을 내는 것이고 사람을 향해서 미워하고 불평하고 저주하는 것은 쓴 물을 내는 것입니다. 그러면 한 입을 가지고 어떻게 하나님을 찬양도 하고 그 입을 가지고 남을 이간시키고 시기하고 질투하는 이야기를 하느냐? 그것은 옳지 않다는 것입니다.

그리고 나무로 비유해서 말하기를 무화과나무는 무화과 열매가 맺혀져야 정상입니다. 감람나무에는 감람 열매가 맺혀져야 정상입니다. 포도나무에는 포도 열매가 맺혀져야 정상인데 어떻게 포도나무에서 다른 열매가 맺혀질 수 있느냐라고 비유를 통해 교훈을 주셨습니다. 성도라고 하면 성도다운 언어를 해야 되고, 구원받은 성도라면 구원받은 성도의 삶이 있어야 되지, 어떻게 구원받지 않은 사람의 삶과 똑같을 수가 있느냐 이런 말씀을 지난 시간 야고보 사도는 말씀 했습니다.

오늘 본문을 통하여 하나님이 주시는 말씀은 '지혜'에 대한 것입니다. "지혜와 총명이 있는 자가 누구뇨 그는 선행으로 말미암아 지혜의 온유함으로 그 행함을 보일지니라"(약 3:13)라는 말을 하고 있습니다. 지혜와 온유함으로 그 행실을 보이라고 그럽니다. 참 지혜는 좋은 행실을 가진다는 것을 말하고 있습니다. 참 믿음은 바른 행실을 가지고 있습니다. 참 종교는 고도의 도덕성을 가지고 있습니다. 선을 행하는 사람은 교만과 시기와 분쟁을 일으키지 않습니다.

그런데 오늘 성경을 보니까 그런 말을 하지요. "너희 마음 속에 독한 시기와 다툼이 있으면 자랑하지 말라 진리를 거스려 거짓하지 말라"(약 3:14) 그랬습니다. 예수님 당시뿐만 아니라 구약시대와 야고보 사도가 활동할 당시에도 선생이라고 하는 사람들이 시기와 다툼에 붙들려 있을 때가 있었습니다.

여러분! 시기와 다툼이 있다는 것은 무지하다는 것입니다. 시기와 다툼이 표면화 된다고 하면 그것은 진리가 없는 사람들의 모습이고, 교회가 시기와 다툼이 있다고 하면 그 교회는 하나님의 통치에서 벗어난 교회입니다. 시기와 다툼이 있는 곳에는 하나님의 의의 역사가 이루어지지 않는다는 것입니다.

세상에 뿌리를 두고 나타나는 지혜의 열매

시기와 다툼은 "위로 부터 내려온 것이 아니요 세상적이요 정욕적이요 마귀적이니 시기와 다툼이 있는 곳에는 요란과 모든 악한 일이 있음이니라"(약 3:15-16) 이렇게 말씀하고 있습니다. 시기와 분쟁이 있는 것은 세상적인 것이고 세상의 방법과 권세는 육에 속한 것이어서 육신적인 충동으로 인하여 시기와 다툼이 일어나는 거예요. 언제든지 세상적인 방법은 한 사람을 밟아야 올라가는 것입니다.

그러나 성경은 말하기를 그 열매를 보면 그 나무를 알 수가 있듯이 시기와 다툼이 있는 것을 보면 그 사람의 인품을 알 수가 있고 신앙생활을 하는 것을 보면 성령의 사람인지 악령에 사로잡혀 사는 사람인지를 알 수 있다는 것입니다.

인간이 불행하게 되는 것은 시기 때문입니다. 인류 최초의 살인자 가인이란 사람이 있었습니다. 가인은 동생을 죽였습니다. 그 시작은 무엇입니까? 시기였습니다. 가인도 하나님을 바라보았고 아벨도 하나님을 바라보았어요. 아벨은 양을 치는 사람이었고 가인은 농사하는 사람이었습니다. 그래서 양을 치는 사람은 양의 첫 새끼를 가지고 하나님을 향한 제단을 쌓았습니다. 농사를 지은 가인은 농사한 곡식을 가지고 제단을 쌓고 하나님 앞에 열납 되기를 소원하고 있었습니다. 가인과 아벨의 제단중에서 하나님께서 아벨의 제단에 불을 확 내렸어요. 그러나 가인의 제단에는 불이 안 내려 왔어요. 그러니까 가인의 안색이 변했습니다. '왜 하나님 나에게는 불을 안 내리십니까? 나에게는 왜 은혜를 주지 않습니까?' 하고 얼굴 색이 변해 있다가 자기의 동생을 만나자 그를 쳐죽였습니다. 살인죄는 시기에서 시작이 된 것입니다(창 4:4-7). 여러분! 타락한 인생들은 내가 잘되는 것보다 남이 안 되는 것을 더 좋아합니다. 가인은 아벨이 하나님 앞에 인정받은 것을 시기해 가지고 그를 죽여버리고 말았습니다. 이것이 최초의 살인사건입니다. 하나님을 믿고 하나님을 향하여 제단을 드렸던 사람들이 이렇게 시기와 질투 속에 있었다는 이야기이지요.

또 구약성경을 보면 기원전 538년에 다리오라고 하는 왕이 있었습니다. 이 다리오 왕은 나라를 다스릴 때 120방백을 거느렸습니다. 120방백 위에 세 사람의 총리를 두었습니다. 이 세 총리 중에서 다니엘이라는 사람이 있었습니다. 하나님이 다니엘에게는 신통의 은혜를 주셔서 다니엘은 120방백과 두 명의 총리도 당할 수 없는 지혜를 가지고 있었습니다. 그래서 다리오 왕이 다니엘 말만 듣게 되었어요. 다니엘은 절대로 왕이 손해보게는 안 합니다. 그래서 그의 명성이 점점 올라가고 나라가 다니엘에 의해서 좌지우지되는 상황이 되었습니다. 그럴 때 두 총리와 방백들의 마음속에 시기가 싹텄어요. 어떻게 하면 포로로 끌려와서 총리가 된 다니엘을 죽일 수 있을까? 고소해서 좀 없앨 길이 없을까 생각을 하다가 악법을 하나 만들었습니다. 그 악법은 "삼십일 동안에 누구든지 왕 이외에 어느 신에게나 사람에게 무엇을 구하는 자는 사자굴에 넣는다"(단 6:7)는 것이었습니다. 다니엘이 걸려들기를 기대하고 있었어요. 여러분! 바로 세상의 요소가 이런 것입니다.

다니엘은 그 악법에 따라서 사자 굴에 들어가게 되었어도 담대하였으며 도망하지도 떨지도 않았어요. 이 세상 사람들은 어떻게 하든지 다른 사람을 넘어뜨리려고 그렇게 만들었지만 다니엘은 하나님의 법을 가지고 있었습니다. '너희들이 나를 죽이려고 하지만 나는 하나님께 기도하는 것을 중단할 수가 없다 나는 기도한다 나는 기도한다' 다니엘은 옛날하고 똑같이 기도하고 똑같이 선행을 했습니다. 그러다가 마지막에 사자 굴에 들어간 것입니다. 사자 굴에 들어가는 것은 하나님의 지혜입니다. 하나님의 영광을 위하여 죽고자 하면 살고, 살고자 하면 죽는 것입니다(마 10:39). 다니엘은 '나는 하나님의 영광을 위하여 죽겠다' 하고 들어간 것입니다. 그랬더니 하나님은 사자의 입을 꽉 막아주셨어요. 할렐루야! 세상의 악법을 선한 법으로 물리 칠 수 있습니다.

며칠동안 굶겨 놓은 배고픈 사자들도 다니엘을 해하지 못했습니다. 그 다음날 일찍 다리오 왕은 사자굴에 갔습니다. '다니엘아! 살아 있느냐?'라고 묻자 '왕이여! 저는 살아있습니다. 하나님이 나를 살려 주었습니다' 라고 대답하는 것이었습니다. 왕은 화가 났습니다. '이 악법을 만들어 다니엘을 대적하는 자들을 집어넣으라' 고 명령했습니다. 그들이 굴 밑에 떨어지기도 전에 배고픈 사자들이 그들을 탁 받아가지고 씹어서 자기의 먹이로 삼았습니다(단 6장). 이것이 바로 성경에 나타난 사건입니다.

사랑하는 성도 여러분! 왜 시기와 다툼이 생깁니까? 비교의식 때문에 생깁니다. 시기와 다툼은 비교할 때 생겨요. 자신과 상대를 비교하면서 부모님과 하나님을 늘 원망하는 사람들이 있습니다. 어떤 남편은 아내를 다른 아내와 비교하고, 어떤 아내는 남편을 다른 남편과 자꾸 비교 합니다. 여러분! 비교할 때 시기와 질투가 일어나는 거예요.

저는 한 여인을 과거에 만났습니다. 믿음이 연약한 사람이었습니다.

그런데 그분의 가정은 참 행복한 가정이었습니다. 그러나 행복을 모르고 살아요. 한번 상담을 해 보았더니 그 분의 말속에서 비교의식이 가정을 불행하게 만든다는 것을 제가 느끼게 되었습니다. 이 여인은 명문대를 나왔습니다. 그리고 청렴하고 결백한 공무원과 결혼을 했습니다. 남편 역시도 상당한 지위가 있습니다. 부부는 자녀를 키우면서 열심히 살았습니다. 그런데 중년쯤 되어 가지고 명문대 동창회에 몇 번 나갔습니다. 그 후부터 이 여인이 우울해지기 시작했습니다. 그리고 동창회도 잘 나가지 않아요. 그러면서 기가 푹 죽어서 삽니다. 왜냐하면 자기 친구 중에서 누구는 그랜저를 타고 다니고 돈도 펑펑 쓰는 상당한 재력가가 있었는데 그 친구 남편하고 자기 남편을 비교하는 거예요. 잘 배운 내 남편이 왜 돈을 못 벌어 오는가 그러면서 자기의 가난한 것만 바라보면서 늘 돈타령하고 남편 보면서 투정이나 부리고 그러면서 남편을 존경하지 않고 자기의 가난한 것만 보고 짜증을 부리고 사는 것을 저는 보았습니다. 여러분! 성경은 "많은 재물보다 명예를 택할 것이요"(잠 22:1) 그렇게 말씀 합니다. 제가 보니까 훌륭한 남편이에요. 그 여인은 돈을 많이 벌어오지 못하는 그것 때문에 자기 남편을 낮게 보았던 것입니다. 사랑하는 성도 여러분! 자신 뿐만 아니라 아내와 남편과 자녀를 다른 사람과 비교하지 말게 되기를 주의 이름으로 축원합니다.

어떤 사람들은 자주 비교를 합니다. 나는 많이 배우지 못했는데 저 사람은 많이 배웠어. 자꾸 비교하다 보니까 열등감에 사로잡히게 됩니다. 비교할 것 없어요. 여러분! 다리는 다리대로 잘났고 손은 손대로 잘났습니다. 다 하나님께서 못 배운 사람에게는 기억력이라도 좋게 하고 무엇을 하더라도 열심히 하게 만들고 많이 배운 사람들은 배운 대로 각기 다른 기능을 가지고 사회에 참여하게 만드는 것입니다. 비교하지 말기를 주의 이름으로 축원합니다. 축원합니다.

비교하지 마세요. 옛말에 '남의 앞에 있는 밥그릇이 더 커 보인다' 는 말이 있습니다. 가정뿐만 아니라 교회에서도 사회에서도 시기와 다툼은 어디서 나느냐. 비교의식에서 많이 나올 수 있습니다. 구원받은 성도들은 시기와 다툼이 생기면 안됩니다. 오늘 여기에서 야고보 사도가 말씀하는데 이것은 불신자들을 두고 하는 것이 아니에요. 구원받은 백성들은 놓고 하는 말씀입니다.

너희는 시기와 다툼이 있으니까 자랑하지 말라 그랬어요. 교회에도 시기가 생길 수 있고 다툼이 생길 수 있습니다. 그러나 그렇게 되어버리면 교회의 모습이 다 없어지고 교회 안이 장사꾼 소굴이 되어 버립니다. 말 잘하는 사람은 선동하고 부자들은 권력부리고 가난한 사람들은 소외되어 세상처럼 되어 버립니다. 교회는 모두 동일하고 모두가 와서 그리스도의 품 안에서 편견없이 찬양하고 기뻐하고 평안을 이루는 곳입니다. 여기 와서 평안을 느껴야 됩니다. 교회에 와서는 등수가 없습니다. 성경은 말합니다. "하나님은 어지러움의 하나님이 아니요 오직 화평의 하나님이라"(고전 14:33). 요란과 악한 일을 가져오는 시기와 다툼은 하나님의 지혜가 아니라 이것은 세상 지혜의 열매입니다.

하나님의 나라에 뿌리를 두고 나타나는 열매

"오직 위로부터 난 지혜는 첫째는 성결하고 다음에 화평하고 관용하고 양순하며 긍휼과 선한 열매가 가득하고 편벽과 거짓이 없나니 화평케 하는 자들은 화평으로 심어 의의 열매를 거두느니라"(약 3:17-18).

여러분! 성결하다고 하는 것은 순결한 것입니다. 죄를 짓지 않는 성결한 생활, 관용하고 양순하고 긍휼한 열매, 선한 열매 그것이 바로 우리 믿는 사람의 열매인 것입니다.

지혜의 열매는 무엇입니까? 화평입니다. 관용이 있는 사람은 인간 관계를 잘 할 수 있습니다. 남을 이해할 수 있는 여유가 생깁니다. 그런데 화평을 추구하는 우리들은 절대로 사람을 기준해서 화평하지 말아야 합니다. 왜 그런지 아세요? 상대에 의해서 화평하는 마음도 있고 없고 한다면 상대는 늘 변하기 때문에 우리 마음은 화평할 수 없을 것입니다. 우리가 바라보고 닮아야 될 분은 예수 그리스도입니다. 토마스 아켐퍼스 라는 사람이 이런 이야기를 했어요. '너희가 화평을 원하느냐 사람을 바라보며 그 사람의 행위에 의해서 너희가 화평 하기를 원한다면 평생 못할 것이다.' 왜냐하면 여러분 보세요. 가족이 열 명이라고 할 때 다 기분이 좋을 수는 없을 것 아닙니까? 오늘은 이 사람이 삐뚤어지고 내일은 저 사람이 삐뚤어지는데 삐뚤어지는 그 사람 바라보면 마음이 막 상해지잖아요. 그러니 우리는 화평을 할 때 위에서 오는 힘, 위에서 주는 지혜를 가지고 화평을 해야 합니다. 할렐루야!

양순은 순종심을 의미합니다. 긍휼은 실제적인 원조에 나아가게 하는 자비하는 마음입니다. 선한 열매는 상대에 대한 호의로 가는 미덕입니다. 편벽이 없다고 하는 말은 까다롭게 남을 심사해서는 안 된다는 말입니다. 여러분! 남편이 아내를 까다롭게 하고 그렇게 심사해 버리면 그 아내는 몸둘 바를 모를 것입니다. 아내가 또 남편을 바라보면서 까다롭게 심사를 한다고 하면 사랑이 깊어지지 않을 것입니다. 사람을 편안하게 해 줘야 되지 까다롭게 대해서는 안됩니다. 인간이 가져야 될 복은 화목과 평화가 제일 큰 것입니다. 그래서 성경이 이런 말을 합니다. "마른 떡 한 조각만 있고도 화목한 것이 육선이 집에 가득하고 다투는 것보다 나으니라"(잠 17:1).

돈이 없어도 우리 화평 먼저 합시다. 할렐루야! 돈 많이 벌어올 실력이 없거든 화평 먼저 하세요. 돈을 많이 벌어 놓으셨다 하더라도 화평이 없으면, 화목이 없으면 화목이 있는 가정보다 못하다고 했어요. 그리고 고린도전서 2장에 보면 이런 말이 있습니다. "세상의 지혜가 아니요 세상에 없어질 관원이 지혜도 아니라" 그런 말이 있어요. 하나님의 능력을 받으면 세상의 지혜로 살지 않고 관원의 지혜로도 살지 않는 겁니다. 전도하는 것도 세상의 말로 하는 것이 아니라 믿음으로 전도를 하게 될 때 열매를 맺습니다.

하나님과 하나되는 생활은 바로 성령에 지배받는 생활이요 성령의 지배받는 생활 속에는 사랑이 생깁니다. 사랑이 있어야 됩니다. 사랑이 있으면 돼요. 사랑하는 마음 가지고 다니면요 피곤하지가 않더라구요. 밤에 그렇게 컴컴한 데를 가도 사랑하는 사람하고 함께 가니까 무섭지가 않아요. 이 만큼 데려다 주다가 또 염려가 되어 또 데려다 줬다가, 또 심심하니까 같이 가고 밤새도록 왔다갔다해도 피곤하지가 않은 것은 진정 사랑이 있기 때문이에요. 여러분! 사랑하는 사람을 만나면 얼굴이 환하게 웃어져요.

성령의 지배를 받으면 성령의 열매 중에 제일 먼저 사랑이라는 얘기를 합니다. "성령의 열매는 사랑과 희락과 화평과 오래 참음과 자비와 양선과 충성과 온유와 절제니 이같은 것을 금지할 법이 없느니라"(갈 5:22-23). 여러분! 우리는 사랑을 가지고 성령의 열매를 가슴에 가득히 채워서 삽시다. 할렐루야! 성령으로 행할 때에 성령 앞에서 우리가 하나가 될 수 있습니다.

또 하나님은 사랑이세요(요일 4:8). "하나님이 세상을 이처럼 사랑하사 독생자를 주셨으니 이는 저를 믿는 자마다 멸망치 않고 영생을 얻게 하려 하심이라"(요 3:16) 사랑에는 헌신이 따라와요. 하나님의 사랑의 표현은 독생 성자를 주시는 것입니다. 우리가 하나님을 사랑하는 사랑의 표현은 하나님을 믿는 거예요. 하나님 앞에 감사하는 것입니다.

제가 며칠 전에 신문을 봤어요. 그 내용인즉 미국 대통령 클린턴의 탄핵 부결 건이었습니다. 이 기사를 읽으면서 두 가지 생각을 했습니다. 하나는 미국사람들이 과거에는 청교도 사상으로 무장되어 대통령이 도덕적으로 잘못하면 강하게 반대했는데 이제는 퇴색되어서 물질주의로 가는구나 하는 생각을 했습니다. 또 하나는 미국민들에게 제일 미운 사람이 누구인가 물었더니 스타 검사래요. 스타가 미운 사람 중에 1위래요. 또 이번 일로 유명해진 르윈스키는 200만 달러 빚더미에 앉았고 운동을 못해서 뚱뚱해져 간다고 해요. 또 언론이 그 일에 협조했다고 비난을 받았어요. 세상에서도 시기와 다툼과 미움의 동기에서 권력을 잡은 사람은 물론이고 어떻게 하든지 남을 거꾸로 넘어뜨리기 위해서 분노하는 사람의 결과는 결국 자기도 해를 입는다는 것을 느꼈습니다. 세상에 살면서 남을 못되게 하는 사람은 남도 못살게 하지만 다음에 자신도 못살게 됩니다. 세상에서도 그런데 하물며 교회 안에서 시기와 질투를 한다면 그 사람의 형편은 어떻게 될까요? 여러분! 세상 뿐 아니라 교회에서도 시기 질투 하지 말고 화평으로 하나 되기를 주의 이름으로 축원합니다.

성도는 꿈을 가져야 합니다. 잠언 22장 7절을 보면 "부자는 가난한 자를 주관하고 빚진 자는 채주의 종이 되느니라"고 했습니다. 사업하는 분은 부자가 되겠다는 꿈을 가지세요. 부자는 가난한 자를 주관한다고 했어요. 가난이 자랑이 아니에요. 열심히 일해서 부자가 되세요. 남에게 빚을 지기보다는 차라리 꾸어 줄 수 있는 그런 넉넉한 사람이 되기 위해 열심히 일합시다. 우리는 무엇을 맡든지 자기의 맡은 그 일을 열심히 해서 머리가 되어야 합니다. 교회에서도 평신도보다는 열심히 충성해서 집사님으로 장로님으로 권사님으로 주의 종으로 하나님 앞에 쓰임 받게 하세요. 여러분! 꿈을 가지세요. 직장에서도 교회에서도 세상에서도 나라와 민족 속에서 뭔가 잘 하려고 하는 꿈을 가져야 됩니다. 꿈을 가졌으면 가정에서 가정 예배를 회복해야 됩니다. 자기의 믿음을 회복하고 가정의 믿음의 동지를 위해 가정예배를 드립시다. 그 다음에 하나님 나라를 이 땅에 이루어지게 하기 위하여 나도 하나님 뜻대로 살고 이웃 사람도 하나님 뜻대로 살도록 전도하고 들은 말씀을 생활화하고 삶의 열매를 맺읍시다. 우리 청소년에 대한 관심도 가지고 장애자들에게 관심도 가지고 노인들에게 대한 관심도 가지고, 하나님이 우리에게 맡겨주신 그 소임을 감당하는 군포제일의 성도님들 되시고 여러분의 가정이 되시길 주의 이름으로 축원합니다. 아멘.

무엇으로 보답할꼬

애! 큰 사랑 큰 능력
나를 향해 임했으니
무엇으로 보답할꼬

하나밖에 없는 아들
구원의 도구 삼으시려
십자가 고통 당했으니
무엇으로 보답할꼬

돌무덤 여시고
죽은자 살리며
부활의 능력 보이시고
우리에게 부활약속 하시니
큰 능력 주심에
무엇으로 보답할꼬

부활의 새 아침에
비쳐오는 저 태양은
님의 눈빛의
따사함일러라

사망권세 물러가고
부활의 능력, 사랑의 강수가
온 심령에 배어든다

행복한 이들의
환호소리

세상을 진동케 한
님의 사랑에
난 무엇으로 보답할꼬

8

헛된 삶과 아름다운 삶의 열매

"너희 중에 싸움이 어디로, 다툼이 어디로 좇아 나느뇨 너희 지체 중에서 싸우는 정욕으로 좇아 난 것이 아니냐 너희가 욕심을 내어도 얻지 못하고 살인하며 시기하여도 능히 취하지 못하나니 너희가 다투고 싸우는도다 너희가 얻지 못함은 구하지 아니함이요 구하여도 받지 못함은 정욕으로 쓰려고 잘못 구함이니라 간음하는 여자들이여 세상과 벗된 것이 하나님의 원수임을 알지 못하느뇨 그런즉 누구든지 세상과 벗이 되고자 하는 자는 스스로 하나님과 원수 되게 하는 것이니라 너희가 하나님이 우리 속에 거하게 하신 성령이 시기하기까지 사모한다 하신 말씀을 헛된 줄로 생각하느뇨 그러나 더욱 큰 은혜를 주시나니 그러므로 일렀으되 하나님이 교만한 자를 물리치시고 겸손한 자에게 은혜를 주신다 하였느니라 그런즉 너희는 하나님께 순복할지어다 마귀를 대적하라 그리하면 너희를 피하리라 하나님을 가까이 하라 그리하면 너희를 가까이 하시리라 죄인들아 손을 깨끗이 하라 두 마음을 품은 자들아 마음을 성결케 하라 슬퍼하며 애통하며 울지어다 너희 웃음을 애통으로, 너희 즐거움을 근심으로 바꿀지어다 주 앞에서 낮추라 그리하면 주께서 너희를 높이시리라"(약 4:1-10)

헛된 삶과 아름다운 삶의 열매

천국에 속해야 참여할 수 있고 천국에 속해야 들을 수 있는 예배와 찬양을 드리는 우리는 정말 복있는 사람입니다. 할렐루야! 옆에 있는 분 얼굴 한 번 뵙고 인사 합시다. '안녕하세요?'

이 자리처럼 편안한 자리가 없지요. 저는 때로는 주일을, 밖에 나갔던 자녀가 돌아오기를 기다리는 젖 부른 엄마처럼 기다리는 것 같아요. 제가 어릴 때 우리 동네에 아주머니가 오셔서 그 딸 중 언니가 동생을 업고 나갔는데 아주머니가 젖이 불어가지고 아프다시며 빨리 와야 젖을 줄텐데 하는 얘길 들었습니다. 이처럼 하나님은 여러분을 부르시고 기다리십니다. 말씀의 은혜 받기를 축원합니다.

하나님은 시대 시대마다 하나님께 속한 사람들을 보호하셨습니다. 구약시대에는 구약시대대로 예레미야와 이사야와 많은 선지자들을 보내서 택한 백성들이 잘못된 삶을 살지 않도록 하나님은 역사하셨고, 또 신약시대에는 신약시대대로 사도들을 일으켜서 구원받은 백성들이 바른 길로 걸어갈 수 있도록 말씀을 주셨습니다.

A.D 60년경에 하나님께서 이스라엘 백성의 흩어진 열두 지파가 예수

를 믿다가 핍박을 받아서 이곳저곳으로 쫓겨가 가정에서 제단을 쌓으며 구석구석에 가서 눈물을 흘리면서 그리스도를 사랑했던 그들을 향하여 쓴 편지가 있었습니다. 그것이 야고보서입니다. 그 편지 내용을 보게 되면 "시험을 만나거든 온전히 기쁘게 여기라"(약 1:2)고 했습니다. 예수 믿는 너희들이여 시험이 없다 그렇게 말하지 말고 시험을 만나거든 온전히 기쁘게 여기라는 말씀입니다. 부부간의 갈등, 고부간의 갈등, 세상이 악하므로 오는 여러 가지 핍박이 있습니다. 또 마음에는 원이지만 육신이 약해서 하지 못하는 어려움이 있습니다. 질병으로 오는 고통, 사별의 슬픔 등 여러 가지 시험을 만나거든 기쁘게 여기라 그렇게 말씀하고 있습니다.

그리고 두 마음을 품지 말고 한 마음을 품으라 예수 그리스도의 마음을 가지고 살아라 그리고 욕심을 부리지 말아라. 욕심을 부려서는 안된다. 언제든지 욕심을 버려야 죄를 이길 수 있고 만약에 욕심을 잉태하고 살면 죄를 짓게 되고 죄를 끝까지 가지고 살면 사망을 낳는다고 말씀 했습니다. 그리고 하나님은 악에게 시험받는 것을 허락하지 않으시므로 사람이 시험받는 것은 하나님께 문제가 있는 것이 아니라 사람이 욕심에 이끌려서 시험을 받는다(약 1:14)고 했습니다.

그리고 자기 입으로 '나는 잘났다, 나는 경건하다' 하는 사람이 자기 혀에 재갈을 먹이지 아니하고 자기 마음을 속이면 이 사람의 경건은 헛것이라(약 1:26)는 말씀을 합니다. 그리고 야고보 사도는 흩어져 있는 성도들에게 믿음과 정신을 바르게 가지십시요. 그리고 말을 구사하는 혀의 위력을 아십시요. 이렇게 말씀 합니다. 여러분! 뼈도 없는 혀, 인간의 육체 가운데서 모양도 이상하게 생긴 이 혀, 이 혀가 무엇과 같은가 하면 상선과 군함을 움직이는 키와 같은 것이다(약 3:4)라고 합니다. 아주 볼 것 없는 것인데 이것이 방향을 좌우하잖습니까? 혀는 배의 키와 같습니다. 이 혀를 잘 움직여야 되지 혀를 잘 움직이지 않으면 너는 파멸에 이를 것이다. 그렇게 말합니다. 그리고 또 혀는 불씨와 같다(약 3:5)고 했습니다. 작은 불이 재산을 태우고 큰 인명피해를 주는 것처럼 바로 혀는 불이라 이렇게 말씀하고 있습니다.

야고보사도는 사람을 세 종류로 나누어서 봅니다. 첫째, 짐승 같은 사람이 있습니다. 둘째, 사람 같은 사람이 있어요. 그 다음에는 신자로서 하나님의 사람이 있습니다.

짐승 같은 사람의 특징은 상대를 전혀 생각하지 않는 사람입니다. 양심이 없는 사람입니다. 양심이 없다보니까 혈육이든지 이웃이든지 자기를 믿어준 사람을 생각지 않고 언제든지 먹는데만 열중을 하는 것입니다. 남편 생각도 안하고 자녀 생각도 안하고 자기만 잘 살면 된다는 것입니다. 언제든지 강자에게는 비굴하고 약자에게는 강력한 것입니다. 이런 사람은 짐승 같은 사람입니다. 짐승하고 똑 같아요. 사람의 가치관이 언제든지 짐승 같은 사람이 있습니다. 성경에 누가 그런 사람입니까? 가룟유다가 짐승 같은 사람입니다. 자기를 믿어주고 자기를 사랑해주고 자기에게 천국에 대한 것을 가르쳐 줬는데 은30에 예수님을 팔아버렸습니다. 지금도 짐승같은 사람이 적지 않습니다. 이단들은 짐승 같습니다. 믿어주고 도와주는 사람에게 손해를 끼치는 사람도 짐승 같습니다.

또 사람의 사람이 있습니다. 이 사람은 굉장히 예의를 아는 사람입니다. 그리고 사람을 사랑할 줄 아는 사람이요 남의 것을 도둑질하지 않는 사람입니다. 그러나 중생하지 못한 사람이에요. 너무나 사람의 생각이 강하기 때문에 하나님의 역사를 용납하지 않는 사람의 사람입니다. 신령한 세계를 모르고 눈에 보이는 것만 알고, 체험한 것만 믿으려고 합니다. 누가 봐도 그 사람은 인격적이고 매력적인 사람입니다. 그러나 위험합니다. 굉장히 위험합니다. 왜냐하면 짐승 같은 사람이나 사람의 사람은 공중의 권세 잡은 악의 세력에게 언제든지 지배될 수 있기 때문입니다. 악령에 지배된 상태에 있다고 하면 이 사람은 상당히 악한 사람으로도 변할 수 있는 사람입니다. 왜냐하면 세상은 마귀가 지배하기 때문입니다.

그러나 하나님의 사람은 성령에 지배받는 사람입니다. 그 사람은 윤리나 도덕적으로 좀 못난 사람도 있고 배우지 못한 사람들도 있을 것입니다. 그러나 하나님의 영이 지배함으로 말미암아 잘못을 범한 다음 금방 눈물을 흘립니다. '오 하나님 제가 잘못했습니다. 저에게는 가진 것이 없고 저에게는 의지도 강하지 않습니다. 계속해서 아침저녁으로 무너지고 있습니다' 성령을 받은 사람은 눈물을 흘리고 빨리빨리 돌이키는 것입니다. 사랑하는 성도 여러분! 여러분은 짐승 같은 사람이 아니고 사람의 사람이 아니고 하나님의 사람입니다. 할렐루야! 믿습니까? 여러분은 하나님의 사람입니다.

그런데 오늘 하나님의 사람을 향하여서 야고보 사도는 "너희 중에 싸움이 어디로 다툼이 어디로 좇아나느뇨 너희 지체 중에서 싸우는 정욕으로 좇아난 것이 아니냐 너희가 욕심을 내어도 얻지 못하고 살인하며 시기하여도 능히 취하지 못하나니 너희가 다투고 싸우는도다 너희가 얻지 못함은 구하지 아니함이요"(약 4:1-2)라고 말씀했습니다. 성령을 받아서 예수 그리스도를 믿는 사람, 이스라엘 중에서, 유대 지방 중에서 교회에 속한 사람들도 싸웠다 그 말입니다. 예수님 믿는 가정도 싸울 수 있어요. 그런데 무엇 때문에 싸우느냐 ? 정욕 때문에 싸웁니다. 기도를 하는데 구하여도 얻지 못함은 정욕으로 쓸려고 잘못 기도해서 기도의 응답이 없다는 것입니다. 정욕이라고 하는 말은 헬라어로 '쾌락'이라고 번역될 수 있다고 합니다.

여러분! 교회 안에서 분쟁이 일어나는 것은 왜 그렇습니까? 쾌락 때문에 일어나는 것입니다. 자기에게 만족이 채워지지 아니하고 자기의 존재가 알려지지 아니하고 다른 사람보다 소외되었다고 생각을 하게 되니까 시험에 빠지게 되는 것입니다. 그런데 성경은 말합니다. "형제를 미워하는 자마다 살인하는 자요, 살인하는 자마다 영생이 그 속에 거하지 않는 것을 너희가 아는 바라"(요일 3:15). 여러분! 형제를 미워하면 살인입니다. 우리는 살인죄를 짓지 맙시다. 할렐루야! 옆의 사람을 한 번 보세요. '형제를 미워하면 살인입니다'. 세상은 때려서 부상 입히고 죽여야 살인이지만 성경은 형제를 미워하면 살인이라 그랬습니다. 그리고 자기를 사랑하는 사람은 쾌락을 좋아하는 사람이요. 그런 사람은 기도하지 않습니다. 또 그런 사람은 기도한다 할지라도 하나님의 뜻을 벗어나서 기도하기 때문에 하나님이 그 기도에 응답해 주지 않습니다(약 4:3).

성경에 보면 예수님은 아주 좋으신 분이세요. 문둥병자가 와서 '예수님! 주님이 원하시면 내 병이 깨끗하게 될 수 있습니다' 라고 했어요. 예수님은 찾아온 문둥병자를 낫게 해주셨습니다. 앉은뱅이도 낫게 해 주셨어요.

그런데 한마디로 거절한 사건이 있어요. 누가복음12장에 보면 예수님이 막 지나가시는데 무리 중에 한 사람이 예수님을 쫓아갔습니다. '예수님 제가 억울한 일을 당했습니다. 형님에게 유산을 나에게 돌려주라고 말씀해 주세요' 라고 간청합니다. 정말 형제간에 유산 때문에 싸우는 사람들 있지요. 형님은 아들을 대학까지 다 보내는데 동생은 방 한 칸 얻을 돈이 없는 경우 말이죠. 부모님 모신다는 것 때문에 다 그냥 써버리고 그러잖아요. 얼마 전에 대전에서는 친척들이 모여서 유산 때문에 가스총을 가지고 싸웠잖습니까? 성경에 나오는 이 동생도 너무너무 마음이 아파서 예수님을 찾아가서 '예수님! 형님보고 유산을 좀 주라고 해 주세요' 그랬단 말입니다. 인간적으로 생각하면 예수님께서 형님에게 '야! 당신 아우가 이렇게 고생하는데 좀 나누어주지 뭐 그러냐'고 동생의 권익을 보호하고 동생의 편을 들어 줄 것 같았는데 주님은 한 마디로 거절을 했습니다. "이 사람아 누가 나를 너희의 재판장이나 물건 나누는 자로 세웠느냐 하시고 저희에게 이르시되 모든 탐심을 물리치라 사람의 생명이 그 소유의 넉넉한데 있는 것이 아니니라"(눅 12:14-15) 이렇게 말씀하셨어요. 여러분! 가난한 분은 좌절하지 마십시오. 가난하면 가난한대로 하나님이 주시는 은사가 있어요. 할렐루야! 믿습니까? 돈 때문에 너무 신경쓰지 말라는 얘기죠. 한마디로 주님이 거절하시면서 하시는 말씀이 있어요. **인생의 행복은 소유의 넉넉함에 있는 것이 아니라**는 것입니다.

예수님은 이 사건 후에 또 말씀 합니다. 부자가 있었는데 소출이 많아서 곡식을 쌓아 둘 곳이 없었다. 그래서 곡간을 크게 짓고 많은 재물을 쌓아 놓은 다음에 말하기를 '내 영혼아 편히 쉬고 먹고 마시고 즐거워하자 하되 그때에 하나님이 이 어리석은 부자야 어리석은 자야 오늘 밤에 네 영혼을 도로 찾으리니 그러면 곡간에 쌓아 놓은 것이 누구의 것이 되겠느냐?동생의 것도 될 수 있고 다른 사람 것도 될 수 있겠지요. 자기를 위하여 재물을 쌓아두고 하나님께 대하여 부요치 못한 자가 이와 같으리라는 말씀으로 경고하고 있습니다(눅 12:16-21). 여러분! 믿는 사람은 언제든지 우선 순위를 하나님께 두어야 됩니다.

하나님의 뜻 안에서 기도하고 행하라

물건이나 명예를 얻기 위하여 성도들끼리 싸우지 말라 다투면 피차에 망한다고 했습니다. 성경은 나보다 남을 더 낮게 여기고 대접을 받고자 하는 대로 남을 대접하라(마 7:12)고 했습니다. 기도할 때에 정욕으로 사용하려고 잘못 구하지 말고 먼저는 그의 나라와 의를 위하여 구하고 (마 6:33) 하나님의 영광을 위해서 기도하라는 것입니다. 그리고 중심으로 기도하고 나라를 위해서 기도해야 됩니다. 나라가 있다는 것은 하나님이 우리에게 주신 큰 축복입니다. 특정인만의 나라가 아닌 우리 모두가 행복하게 살며 구원을 이루어 가야 할 곳이므로 우리 모두가 기도해야 합니다.

그런데 오늘 성경에 우리에게 '간음하는 여자들'이라고 하셨는데 이는 하나님의 신부된 우리들을 의미하는 것입니다. 하나님은 신랑과 같고 우리는 신부와 같은 것입니다. 그래서 신랑 되신 예수께서 다시 오실 때 신부된 우리들이 예수 외에 다른 것을 따라가게 되면 여자가 자기 남자를 남겨두고 다른 남자에게 가는 것과 같다고 그렇게 성경이 말씀합니다.

또 호세아서에 보니까 "너는 이방 사람처럼 기뻐 뛰놀지 말라 네가 행음하여 네 하나님을 떠나고 각 타작 마당에서 음행의 값을 좋아 하였으니라"(호 9:1) 그랬습니다. 또 이사야서에 보면 "이는 너희를 지으신 자로 너희 남편이라 그 이름은 만군의 여호와시며 네 구속자는 이스라엘의 거룩한 자라"(사 54:5) 할렐루야! 그렇게 말씀하고 있습니다. 여러분! 아내된 자는 남편을 먼저 생각을 해야 되듯이 성도는 하나님을 먼저 생각해야 사랑 받을 수가 있습니다.

하나님은 성도들을 시기하기까지 사모하십니다

"너희가 하나님이 우리 속에 거하게 하신 성령이 시기하기까지 사모한다 하신 말씀을 헛된 줄로 생각하느뇨"(약 4:5) 하는 말이 있습니다. 여러분! 남편은 아내의 부정함을 보고만 있지 않습니다. 부정한 일을 하면 붙들어 가지고 깨끗하게 하는 것처럼 성도가 부정하게 살면 성령께서 우리를 붙드시고 하나님의 말씀으로 살도록 권고한다는 사실을 믿게 되시길 주의 이름으로 축원합니다.

"나 여호와는 질투하는 하나님인즉 나를 미워하는 자의 죄를 갚되 아비로부터 아들에게로 3, 4대까지 이르게 하거니와"(출 20:5) 하나님께서는 자신과 아름다운 관계를 유지하길 요구하고 있다는 사실을 믿게 되시길 주의 이름으로 축원합니다.

하나님은 우리가 하나님의 뜻대로 살아가길 원하고 계세요. 우리가 하나님의 뜻대로 살게 되면 하나님은 부귀와 장수를 한 몸에 가졌기 때문에 우리에게 많은 것을 주실 수 있는 것입니다. 사랑하는 성도 여러분! 하나님이 가지신 부귀와 장수의 복을 가지시길 주의 이름으로 축원합니다. 여러분! 이 말씀이 증거될 때 '아멘' 이렇게 받아들이세요. 힘이 생겨요. 이것이 중보기도요, 기도드릴 때 '아멘' 하는 것이 여러분에게 능력인 것입니다. 할렐루야!

하나님은 그리스도의 사람에게 아름다운 삶을 요구하십니다

성경 본문에 보니까(6-8절) 이렇게 말씀하고 있습니다. 하나님은 구원받은 백성에게 큰 은혜를 주십니다. 그리고 은혜입은 우리를 그리스도는 항상 보호하시고 우리는 보호받는 자의 반열에 서 있습니다. 할렐루야! 진실로 거만한 자를 비웃으시고 겸손한 자에게 은혜를 주시는 것입니다(잠 3:34). 은혜 받기를 원하면 겸손해야 됩니다. 물이 밑으로 내려가듯이 하나님의 사랑과 은혜와 축복도 항상 겸손한 사람에게 선물로 주십니다. 우리는 하나님께 순복해야 됩니다. 순복할 자와 대적할 자를 분별하라는 거죠. 하나님께는 순복하고 마귀는 대적(약 4:7)하는 것입니다. 이단을 대적하는 것입니다. 불의도 대적하는 것입니다. 사람은 순복만 잘하는 것이 아니라 대적도 잘 할 수 있어야 신앙생활을 잘 할 수 있는 것입니다. 여러분 이 땅에서도 가까이 할 사람과 멀리할 사람이 있습니다. "하나님을 가까이하라 그리하면 하나님이 너희를 가까이 하시리라"(약 4:8)고 했습니다. 우리 모두는 하나님이 기뻐하는 성결한 마음, 한마음을 가지고 살아야 승리를 할 수 있습니다. 할렐루야!

하나님은 우리에게 회개하는 생활을 하라고 하십니다

"슬퍼하며 애통하며 울지어다 너희 웃음을 애통으로 너희 즐거움을 근심으로 바꿀지어다 주 앞에서 낮추라 그리하면 주께서 너희를 높이시리라"(약 4:9-10)고 했는데 이 말은 과거의 잘못된 삶을 회개하며 살라는 것입니다. 할렐루야! 따라합시다. '과거의 잘못된 삶을 회개하고 살아라' 성경에 보면 "항상 기뻐하라 쉬지 말고 기도하라 범사에 감사하라"(살전 5:16-18)고 하셨는데 오늘은 "슬퍼하며 애통하며 울찌어다"(약 4:9) 말씀하십니다.

여러분! 과거의 삶을 바라보면 정말 잘못 생활한 것이 많이 있습니다. 1시간쯤 기도하다 보면 자기가 열심히 사는 것처럼 여겨져요. 2시간쯤 기도하다보면 나는 왜 이렇게 못생겼는가 그런 생각이 들어요. 3시간쯤 앉아서 성경을 보며 기도하다 보면 나는 인생을 헛살았구나 하는 생각이 들어요. 그리고 하루종일 성경을 보면 육체는 비틀어지는데 내 자신이 겨자씨 만큼 작아 지더라구요. 기도를 안 하면 점점 자신이

커지는데 기도를 하면 점점 자신이 작아져요. 여러분! 주님을 바라보면 자기의 분수를 알게 됩니다. 믿습니까 아멘! 얼마나 작아지는지 몰라요. 그래서 자신을 보고 눈물을 흘리는 것입니다. '늘 울어도 눈물로서 못 갚을 줄 알아' 이렇게 찬송 부르고 '주여! 주님이 하십니다. 내 인생의 주인은 주님입니다.' 하고 벌떡 일어날 때가 있습니다. 여러분! 주님 바라보시길 주의 이름으로 축원합니다.

어느 글을 읽다 보니까 앤드류머레이라는 목사가 이런 말을 했어요 '너는 반드시 이루어질 것에 살라. 네 상상이 될 수 있는 것에 따라 살지 말라. 주의 말씀은 천천히 되는 것이며 가다가 많은 파란곡절을 경험하나 결국에는 승리한다는 것이다.' 할렐루야! 믿습니까?

승리는 하나님의 말씀 안에 있습니다. 또 스펄젼의 글을 읽어보니까 '의심하는 자는 마귀가 옆에 앉을 수 있는 둥지를 남겨두는 것이다' 라고 했습니다. 마귀가 항상 옆에 앉을 수 있는 둥지를 만들어 주는 것이 의심하는 것입니다. 의심하면 무너집니다. 그러나 겸손하고 진실하게 살면 승리가 여러분과 항상 동행하게 된다는 사실 믿게 되시길 주의 이름으로 축원합니다.

오늘은 우리가 성찬식을 하는데 이 성찬은 누구만 참여하는지 압니까? 믿는 자만 참여하는 것입니다. 모세가 애굽에서 나올 때에 애굽에 열 가지 재앙이 하늘에서부터 내려온 때가 있습니다. 이때 하나님을 믿는 백성들은양의 피를 문설주에 바르며 그 양의 고기를 먹습니다. 그리고 누룩 없는 떡을 먹습니다.

과거에 제가 신앙생활 할 때는 굉장히 맛있는 카스테라를 주셔서 입에 살살 녹았어요. 그것은 누룩 있는 떡으로 보지요. 누룩 없는 떡은 무엇입니까 소다를 안 넣은 것입니다. 예수님도 유월절 잔치할 때 포도주를 따라 주면서 먹으라고 했습니다. 내 살을 먹고 내 피를 마시는 자는 나와 함께 영생한다(요 6:54). 내가 올 때까지 기념하라고 했습니다. 그래서 성찬식이 생긴 것입니다.

할렐루야! 성찬에 참여함으로 다 치료받게 되기를 주의 이름으로 축원합니다. 축원합니다. 구원받은 백성만이 누리는 기쁨을 오늘 누리시고 아름다운 삶을 사시고 승리하게 되시길 주의 이름으로 축원합니다.

인 생 아

벌거 벗고
빈 손으로 온
인생아

무엇을 입고
무엇을 가지려나

울고 왔다
웃고 갈 줄 알았더냐

천상천하 둘러보라
하나도 없다

하숙생 지상생활
본향을 생각하라

죄값 보응
지옥갈 때
님의 사랑
보혈의 은혜
영생길 따라

천국에 가려느냐

받지 않은 것이 없으니
주지 못할 것도 없다

주라
님에게 생명드려
많은 열매
맺어 보려므나.

9

지혜로운 성도의 삶

"형제들아 피차에 비방하지 말라 형제를 비방하는 자나 형제를 판단하는 자는 곧 율법을 비방하고 율법을 판단하는 것이라 네가 만일 율법을 판단하면 율법의 준행자가 아니요 재판자로다 입법자와 재판자는 오직 하나이시니 능히 구원하기도 하시며 멸하기도 하시느니라 너는 누구관대 이웃을 판단하느냐 들으라 너희 중에 말하기를 오늘이나 내일이나 우리가 아무 도시에 가서 거기서 일년을 유하며 장사하여 이를 보리라 하는 자들아 내일 일을 너희가 알지 못하는도다 너희 생명이 무엇이뇨 너희는 잠간 보이다가 없어지는 안개니라 너희가 도리어 말하기를 주의 뜻이면 우리가 살기도 하고 이것저것을 하리라 할 것이거늘 이제 너희가 허탄한 자랑을 자랑하니 이러한 자랑은 다 악한 것이라 이러므로 사람이 선을 행할 줄 알고도 행치 아니하면 죄니라" (약4:11-17)

지혜로운 성도의 삶

오늘 하나님이 주신 말씀 제목은 '지혜로운 성도의 삶' 입니다. 여러분! 어떤 분이 집을 하나 큼지막하게 짓습니다. 그런데 그 집을 짓다가 너무 무리해서 세상을 떠났습니다. 그러면 여러분은 뭐 그렇게 무리할 필요가 있는가? 건물보다도 중요한 것은 자기의 목숨인데 그는 미련하다고 얘길 할 것입니다. 그런 것처럼 우리가 육신적인 일에 너무 바쁘고 육신의 쾌락을 좇아 살고 육신적으로 건강을 유지하려고 정신없이 좇아 다니다가 육신 속에 사는 영혼이 망해버리면 아무 것도 아닙니다. 그것은 미련한 것입니다.

똑같은 원리입니다. 우리가 지은 세상의 집은 여러 번 바꿀 수가 있지만 우리의 육체의 집은 바꿀 수가 없어요. 그러나 그 육체의 집도 100년 안에 허물어져 버리고, 우리의 영이 하나님 앞에 갑니다. 그런데 무너질 육체에 너무 집착하다 보면 우리는 영혼에 많은 손해를 보게 되는 것입니다. 본문을 보면 사랑에 대한 말씀이 나옵니다. 하나님은 우리를 무척 사랑하십니다. 그런데 이 사랑을 받고 있는 사람이 있는가 하면 때로는 사랑을 받지 못하고 미움을 받든지 무관심 속에서 사는 사람이 있습니다. 사랑을 받으면 마음의 평안이 있고 굉장한 만족이 있습니다. '사람은 사랑을 먹고 사는 동물이다'라고 말할 수 있습니다. 그런데 이 사랑도 누구의 사랑을 받느냐에 따라서, 누구의 인정을 받느냐에 따라서, 그 사람의 삶의 질이 달라질 수가 있습니다.

그런데 역사적으로 보게 되면 예수 그리스도의 사랑을 받았던 사람이 있고 세상의 사랑을 받았던 사람이 있습니다. 예수 그리스도는 하나님의 사랑을 받았습니다. 하나님은 예수님에게 말씀하시기를 '이는 내 사랑하는 아들이요 내 기뻐하는 자라'(마 3:17) 그랬습니다. 예수님은 하나님의 사랑을 받았습니다.

그러나 예수님은 또 교권주의자들에게, 로마병정들에게, 유대인들에게, 세상사람들에게 미움을 받았습니다. 얼마나 미움을 받았느냐하면 십자가 형틀에서 자기의 몸이 창에 찔려 피와 물을 쏟는 형벌을 받을 정도로 미움을 받았습니다.

또한 예수님의 제자들과 예수님을 믿는 모든 사람들도 예수님을 미워하는 사람들에게 미움을 받아서 땅굴을 파고 들어가서 생명을 유지했고 그곳에서 하나님을 예배하면서 평생을 보냈습니다. 로마에 가면 카타콤이 있고, 터키 쪽으로 가면 신앙의 자유를 위해서 바위에 굴을 파고 거기에서 신앙생활을 하면서 벽화를 그린 믿음의 선배들이 있었음을 볼 수 있습니다.

우리는 이 땅에 살면서 어떻게 살 것인가 하는 것을 생각해 볼 필요를 느낍니다. 누구의 사랑을 받고 살 것인가, 그러나 사람의 사랑을 받고 살고 있는 사람도 다투고, 하나님의 사랑을 받고 있는 사람들도 때로는 하나님의 사랑 받지 못한 사람들처럼 살 때가 있다는 것입니다. 성경이 인정을 합니다. 구원받은 백성을 향해서 하나님은 야고보 사도를 통하여 말씀하기를 "너희가 정욕을 좇아 다툼이 오는도다"(약 4:1) 그럽니다. 너희가 욕심을 내어도 얻지 못하고 살인하며 시기하여도 얻지 못하는도다. 너희가 기도를 하기는 하는데 정욕으로 쓰려고 잘못 구해 가지고 기도의 응답을 받지 못한다. 간음하는 여자들이여 세상과 벗이 되고자 하는 자는 스스로 하나님과 원수가 되는도다(약 4:2-4). 그런 말을 합니다. 이것은 교회에 주신 말씀입니다.

그 말을 하는 것은 왜 그렇습니까? 하나님이 사랑하시기 때문입니다. '너 그것을 좀 고쳐라 욕심부리지 말고 시기하고 살인하지 말고 정욕으로 쓰려고 기도하지 말고 하나님의 영광을 위해서 기도하라. 하나님이 교만한 사람을 물리치니까 물리침의 대상이 되지 말고 겸손한 사람이 되라. 그러면 하나님이 겸손한 자에게 은혜를 주신다. 그리고 하나님께 순복하고 마귀를 대적하라. 그러면 하나님이 너희에게 복 주시고 그 다음에 마귀는 너희 앞에서 물러간다. 죄인들아 손을 깨끗하게 하라. 두 마음을 품은 자들아 마음을 성결케 하라. 세상에 살면서 많은 죄를 지은 것 잘못 살았던 것 생각하면서 애통하고 슬퍼하며 울어라. 그리고 근심하면서 구원에 이르고 염려를 하면서 살아라.' 그렇게 야고보서를 통해서 우리에게 말씀해 주셨습니다.

또한 하나님은 그 말씀과 함께 사랑 안에 들어오라고 합니다. 하나님의 사랑 안에 암탉이 병아리를 모으는 것처럼 우리를 모으고 있습니다. 과거에 제가 시골에 있는데 보니까 저 공중에서 독수리 한 마리가 도니까 병아리를 인도하는 닭이 이상한 소리를 냅니다. '꼭 꼭 꼭 꼭' 하니까 병아리들이 달려와서 암탉 품안에, 그 날개 밑에 들어갑니다. 암탉의 품은 대단히 안전합니다. 위에서 뭔가 내려 와도 새끼를 가지고 있는 암탉은 지는 법이 없어요. 새끼가 없는 닭은 조그만 강아지에게도 쫓겨다니는데 새끼를 가지고 있는 닭은 개가 온다 할지라도 눈을 찍어 버릴 정도로 용감해집니다.

정말로 하나님은 우리를 그만큼, 암탉이 병아리를 날개 아래 모으려는 것 같이 모으려고 하고, 지키려고 한다는 것을 믿게 되시길 주의 이름으로 축원합니다.

오늘은 5월 첫 주간입니다. 5월을 가리켜서 '가정의 달'이라 합니다. 그리고 오늘은 특히 어린이들을 위한 예배를 드립니다. 얼마나 어린이들이 귀합니까? 어린이들은 나라와 가정의 장래를 좌우하는 사람이요 교회의 기둥이요 교회의 능력인 것입니다. 이 어린이들을 대할 때 우리는 어떻게 대해야 합니까? 여러분! 어린이들을 대할 때 그 육체를 바라보면서 그의 속에 영혼이 들어 있는 것을 알아야 합니다. 그 속에 영혼이 들어있는 것을 모르고 그 육체만을 생각하고 육체만을 키우려고 노력하다 보면 나중에는 불신자 만들어 버리고 세속에 깊이 빠뜨려 버려서 폐인 만들기 쉽습니다.

드럼통을 굴릴 때라도 그 속에 무엇이 들었는지 정확하게 알아야 그 통을 잘 보호할 수 있습니다. 저 육체 속에 무엇이 들어있는지 알아야 합니다. 그런데 그 어린이 속에 영혼이라는 것이 담겨 있습니다. 어린이가 어디에서 왔습니까? 우리는 어머니 뱃속에서만 나온 줄 알지만 성경은 "자식은 여호와의 주신 기업이요 태의 열매는 그의 상급이로다 젊은 자의 자식은 장사의 수중의 화살과 같으니 이것이 전통에 가득한 자는 복 되도다 저희가 성문에서 그 원수와 말 할 때에 수치를 당치 아니하리로다"(시 127:3-5) 했습니다. 즉 자녀는 하나님의 주신 기업이요, 하나님이 주신 상급이라는 것입니다.

어린이는 장사의 수중의 화살 같다고 그랬습니다. 그런데 이 어린이를 잘 자라게 하려면 시128편에 이렇게 말합니다. 네가 여호와를 경외하고 여호와를 순종하게 될 때에 네 집 내실에 있는 네 아내는 결실한 포도나무 같을 것이며 네 상에 둘린 자식은 어린 감람나무 같으리로다 여호와를 경외하는 자는 이같이 복을 얻으리로다 그랬습니다. 여호와께서 시온에서 네게 복을 주실 지어다 그랬습니다. "너는 평생에 예루살렘의 복을 보며 네 자식에 자식을 볼지어다. 예수 그리스도에서 평강이 있을 지로다" 그랬습니다. 여러분! 부모님이 하나님을 경외하게 될 때에 가정이 행복합니다. 할렐루야! 믿습니까?

온 가족이 잘 되기를 원하시면 여호와를 경외하시길 바랍니다. 좋은 가정은 아브라함의 가정을 가리켜서 좋은 가정이라고 이야길 합니다. 세속적으로 많은 부와 지식과 권세가 좋은 가정의 기준이 되는 것이 아닙니다. 세상을 기준해서 저 집은 넓어, 저 분은 많이 배웠어, 이렇게 사람들의 기준에 의해 보지만 하나님은 그렇게 안 보세요. 그런 것도 굉장히 귀하고 아름답지만 더 귀한 것은 여호와를 아는 것이 지혜의 근본이라고 했는데 근본이 있는 사람을 하나님이 사랑하십니다. 그러면 하나님이 주신 우리의 자녀들은 우리가 하는 말을 듣고 하지 않습니다.

자녀들은 부모님의 뒷모습을 보고 닮습니다. 아무리 좋은 말해도 부모가 잘못된 행동을 하면 잘못 되는 것입니다. 부모님이 아무리 교회에 나가라고 그래도 부모님이 안 나가면 나중에는 안나옵니다. 여러분! 어떻게 해서라도 자녀를 바르게 키워 볼려고 해도 부모님이 바르게 살지 않으면 자녀들은 나중에 부모님 따라 갑니다. 오늘날 청소년의 범죄를 보면서 왜 애들이 그렇게 악해졌느냐? 그러는데 젊은애들은 어른들의 속마음을 행동으로 표현하는 것입니다. 무섭습니다. 속마음을 행동으로 옮기는 것입니다. 어른들은 그것을 절제할 수 있지만 어린이들은 부모님의 속마음이 느껴지게 되는 것입니다. 바로 청소년의 문제는 기성세대의 문제라는 것을 우리는 알아야 합니다.

인간관계를 아름답게 해야 합니다

여러분! 신앙생활을 하다 보면 하나님과의 관계를 강조하다가 인간 관계의 균형이 깨질 때가 있습니다. 인간 관계를 아름답게 해야 합니다. 성경은 말합니다. "하나님을 사랑하고 또한 네 이웃을 네 몸과 같이 사랑하라"(눅 10:27)고 하고 십계명도 1-4계명은 하나님과의 관계를 설명하고 5-10계명까지는 인간과의 관계인데 인간관계의 첫 단추는 부모님과의 관계입니다. 부모와의 관계가 올바를 때 인간관계도 올바를 수 있습니다.

오늘 본문을 가만히 보니까 **'형제들아 피차에 비방하지 말라'**(약 4:11) 한 번 따라합시다. 형제들아 피차에 비방하지 말라 이것이 하나님이 야고보 사도를 통해서 흩어져 있는 하나님의 백성들을 향해서 하신 말씀입니다. 여러분이나 저나 서로 비방하지 맙시다. 교회도 보니까 말이 많은 교회가 있잖습니까? 자꾸 비방 하잖아요. 교회에 문제가 생기면 목사가 장로 비방하고, 장로는 목사 비방하고, 성도는 지도자 비방하고, 지도자는 성도들을 비방합니다. 가정에서 남편을 비방하고, 아내 비방하고, 형제들까지 비방합니다. 비방하는 것은 하나님의 뜻이 아닙니다. 믿습니까? 비방하지 말라 그랬습니다.

"형제를 비방하는 자나 형제를 판단하는 자는 곧 율법을 비방하고 율법을 판단하는 것이라"(약 4:11) 너희들은 피조물일 뿐이지, 율법을 준행하는 자일 뿐이지 재판자의 입장에서 판단하는 것은 인간에게 하나님이 주지 않았다는 말씀입니다. 인간은 인간을 판단할 능력이 없습니다. 그리고 인간은 다 죄인입니다. 저도 죄인이고 여러분도 죄인입니다. 죄인이라는 것은 죄에 덮여 있기 때문에 하나님의 뜻을 모를 뿐만 아니라 하나님이 하시는 의도도 잘 모르는 것입니다. 아내나 남편이나 목회자나 그들 모두는 진정한 의지의 대상은 아닙니다. 사랑의 대상이고, 이해와 용서의 대상일 뿐입니다. 믿습니까? 믿습니까?

절대 사람보고 실망하지 마세요. 우리는 하나님만 바라 보면 됩니다. 예수님만 바라 보면 됩니다. 전 그렇게 생각을 해요. 여러분! 사람을 안 볼 수 있나요? 이렇게 말씀전하는 저도 사람을 보는데요. 늘 생각 할 때마다 하나님의 종으로 세웠으니 성도들이 저를 보고 실망하지 않게 해 주세요.서로로 하여금 바른 삶을 살게 해주세요. 이렇게 기도합니다.

레위기서 19장16절부터 18절에 "너는 네 백성 중에 돌아다니며 사람을 판단하지 말며" 그랬습니다. "네 이웃을 대적하여 죽을 지경에 이르게 하지 말라 나는 여호와니라 너로 네 형제를 마음으로 미워하지 말며 이웃을 인하여 죄를 당치 않도록 그를 반드시 책선 하라 원수를 갚지 말며 동포를 원망하지 말며 이웃 사랑하기를 네 몸과 같이 하라 나는 여호와니라." 이렇게 성경이 말씀하고 있습니다.

과거의 공산주의자들 보세요. 자기들의 이론은 바르고 자본주의나 민주주의는 잘못되었다고 했는데, 이제 알거지가 된 다음에 이제는 자본주의 이론을 따라와요, 시장경제를 따라와요. 우리가 알고 있는 것이 잘못된 것 있을 수 있습니다. 그래서 우리가 따라야 될 것은 성경에 나타난 진리뿐인 것입니다. 그래서 우리는 사람 관계도 잘 맺으면서 후손들에게 삶의 본을 보여야 합니다. 따라서 가정의 달인 5월을 어느 달보다도 중요하게 여기는 것입니다.

5월을 가리켜서 계절의 여왕이라 합니다. 어떤 사람은 5월을 다이아몬드반지의 다이아몬드와 같으며 열두 달 중에 가장 빛나는 달이다, 어떤 분은 또 장미의 계절이어서 굉장히 아름다운 5월이라고 합니다. 여기에 5월은 효도하는 것 가르치고 자녀들을 하나님의 말씀으로 가르치며, 스승을 찾아보는 날이 들어 있어 사랑과 감사가 가득한 달로 이루어져 있습니다. 일년 365일을 이와 같은 마음가짐으로 산다면 참된 평 강이 있을 것입니다. 할렐루야! 감사하면 얼마나 좋아요!

그런데 성경에 보니까 "자녀들아 네 부모를 주 안에서 순종하라 이것이 옳으니라 네 아버지와 어머니를 공경하라 이것이 약속 있는 첫 계명이니"(엡 6:1-2)라고 말씀 하십니다. 이렇게 된다면 가정은 얼마나 행복 하겠습니까? 네가 잘 되고 땅에서도 장수하리라 잘되고 장수하니 얼마나 좋아요? 네 자녀를 주의 교양과 교훈으로 양육하게 되면 늙어도 그것을 떠나지 않게 되고 자녀가 그리스도를 안 떠나게 되면 속 썩을 일이 없잖습니까? 이런 진리를 깨닫는 날이 되시길 주의 이름으로 축원합니다.

인생은 안개와 같음을 기억해야 합니다

14절을 우리 한 번 봅시다 "내일 일을 너희가 알지 못하는도다 너희 생명이 무엇이뇨 너희는 잠간 보이다가 없어지는 안개니라"(약 4:14), 인생이 안개와 같다고 했습니다. 인생이 너무 짧아요, 철이 들었다라고 하면 행할 수 있는 길이 없습니다. 저는 가끔 저의 어머니가 간절히 생각나는데 효도하려고 해도 어머니가 돌아 가셨으니 효도할 수가 없습니다. 그래서 연세드신 분들을 보면 다 우리 부모님이라고 생각을 하고 반갑게 맞이합니다. 부모는 기다려주지 않습니다. 할렐루야! 한 번 따라하실까요? '부모님은 기다려주지 않는다'. 정말 기다려 주시지 않습니다. 인생은 안개예요 안개입니다.

제가 21년 전에 여기에 왔을 때에 지금은 권사님된 집사님들이 그때는 결혼을 막해서 얼굴이 포동포동했지요. 남자 집사님들은 말 뛰듯 청년처럼 뛰어 다녔는데 요즘에 뛰는 것 보니까 흐느적 흐느적 합니다.

왜요? 인생이 안개처럼 사라져가고 있어요 성경은 인생을 잠깐 보이다가 없어지는 안개라고 말씀하고 있어요. 안개와 같다는 것은 인생의 무상성을 가리키는 것입니다.

솔로몬도 말하기를 '헛되고 헛되며 헛되고 헛되니 모든 것이 헛되도다' 했습니다. 해 아래서 수고하는 것이 헛되다는 것입니다. 인생이 낙을 누리며 잘 먹고 행복하게 살았다고 생각이 들면 인생은 이미 헛것이더라 그렇게 끝나는데요, 허무주의로 끝나는 것은 아닙니다. 안개와 같은 인생을 영원한 인생으로 바꾸고 싶지 않으세요? 예수님 안에 속해서 하나님의 나라에까지 연결시키는 지혜가 있게 되기를 주의 이름으로 축원합니다. 베드로 사도는 우리를 향해서 이런 말을 합니다. 인생은 풀과 같고 그 모든 영광은 풀의 꽃과 같으니 풀은 말라 버린다, 꽃도 떨어진다 그러나 마르지 않고 떨어지지 않는 것이 한 가지가 있는데 그 하나님의 말씀은 세세토록 존재한다 그럽니다. 여러분 영혼을 위해서 우리가 노력하고 헌신하는 아름다움이 있게 되시길 주의 이름으로 축원합니다.

저는 기도를 하고 오산리 기도원에 가서 저녁시간에 설교를 했어요. 설교를 하기 위해 강단에서 보니까 사람들이 많이 모였더라구요. 신학생 때에 한 번 가고 졸업후 한 번 갔는데 그때는 나무들이 조그마했습니다. 그런데 21년이 지난 후 가보니 지금은 큰 나무들이 되어 있었습니다. 정말 새들이 깃들일만한 곳이고 사람들이 나무에 기대서 쉴 수 있는 곳을 제공하는 나무가 된 것입니다. 예전에도 기도하고 결심 하기를 '하나님! 저에게 땅을 주시면 나무를 심고, 산을 주시면 기도원과 수련장을 짓고, 저에게 돈을 주시면 사람을 키우겠습니다' 라고 입버릇처럼 자신에게 이야길 했는데, 그곳에 가보니까 정말 잘 만들어 놓았어요. 설교를 하고 나오면서 정말 일할 수 있는 교회로 열정적으로 기도

할 수 있는 기도원이 필요하다고 기도했는데, 하나님이 기도원 하라고 그러시는지 저 지중해 연안에서 구름이 떠올라서 엘리야가 가뭄이 든 나라를 위해 기도할 때 구름이 떠 올라온 것처럼, 우리 교회의 기도원의 모형도 떠올라 나의가슴이 설레입니다. 할렐루야! 믿습니까?

그렇게 되면 복지관을 향해서 차량 한 대가 출발하고 하루 한번 또 한 대의 차량이 기도원을 향하여 컬컬한 군포 전체 성도를 싣고 교회 앞에서 출발하게 되는 것입니다. 기도원으로 가는 차가 있느냐구요? 군포에는 제가 보니까 기도원을 가지고 있는 교회가 없어요. 그렇다면 제일교회 앞에 가면 오전 10시에 어느 기도원으로 출발한다더라 이런 교회가 되기를 기도합시다. 그곳에서 나라와 민족을 위해서 기도를 하고 여러분 가정을 위해서도 기도를 하여 기도의 불이 활활 타오르는 곳이 되도록 합시다. 할렐루야!

이렇게 이야기 하다가 뒷감당은 어떻게 할꼬, 이렇게 말하는 사람도 있을 것입니다. 뒷감당은 하나님이 하세요. 할렐루야! 한 번 따라 합시다. '뒷감당은 하나님이 하세요'

나는 하나님의 종입니다. 믿음대로 될 것입니다. 그러면서 본문이 이야길 합니다. 15절을 같이 읽읍시다 "너희가 도리어 말하기를 주의 뜻이면 우리가 살기도 하고 이것저것을 하리라 할 것이어늘"여기에 보니까 '주의 뜻'이라고 하는 말이 나옵니다. 이 말은 하나님의 계시와 성령의 지배를 받을 때에 주의 뜻을 행하는 자가 된다는 것입니다.

성경은 주의 뜻이에요 할렐루야! 하나님의 뜻을 기록해 두었어요. 아버지가 아들에게 자기의 뜻을 '아들아! 이렇게 이렇게 사는 것이 좋겠다' 하는 것처럼 성경에 기록해 놓았어요.

선을 알았으면 온전히 행해야 합니다

위의 성경구절에 보니까 17절 '선을 행할 줄 알고도 행치 않으면 죄' 라고 말합니다. 선을 아는 것은 행함의 책임도 있다는 것입니다. 선을 알게 하면서 행함의 책임까지 하나님이 우리에게 부여한다는 것입니다. 믿습니까?

노인문제가 10년 후에는 심각해집니다. 지금 기도원 옆에 큰 땅이 있다면 실버타운을 만들어야 돼요. 지금 시작해야 돼요. 올 줄 알면서도 가만히 내 혼자 잘 살겠다고 하는 것이 아니라 준비해야 되는 것입니다. 이 지역 사람들이 영적으로 갈한 것을 알았으면 갈한 문제를 해결해 주기 위해 몸부림쳐야 되는 것입니다.

물에 빠진 사람을 건져주지 않는 사람은 어떻게 되겠어요. 못 본 사람은 못 건집니다. 그러나 본 사람은 건져야 됩니다. 하나님이 알게 한 것은 책임까지 우리에게 맡겼다는 것을 우리는 알아야 합니다. 할렐루야! 믿습니까? 행함에는 책임도 있습니다.

우리는 어린이주일을 맞이해서 무상하고 허망한 세상보다도 하나님이 기뻐하는 세상을 만들기 위해 노력해야 됩니다. 인생은 안개다, 선을 알았으면 행해야 된다, 그리고 본을 보이며 어린이들을 바르게 가르쳐야 된다는 그 마음을 가지고 새로운 각오를 하는 저와 여러분이 되시길 주의 이름으로 축원합니다. 아멘

오월의 사랑의 노래

오월!
창조주의 숨결이 느껴지는 달
님의 사랑 심어 아름다운 열매 거두고
행복으로 노저어 갈래요

파란 새잎 입고 찾아온 달에
몸으로 육신 빚어
사랑의 열매 혈연의 정 담긴
가정을 사랑할래요

하얀빛 고해에 거슬리고
얼굴에 잔주름 매달리니
부모님 가슴에 빨간 카네이션
달아 드릴래요

아! 오월이여
부모님께 효도하고
자녀를 사랑하며
가르치신 님께 감사 보내고

님의 사랑 아름안고
장미처럼 곱게 피어나는
영혼의 노래
구원과 관계가 있게 할래요.

10

물질을 선용하자

"들으라 부한 자들아 너희에게 임할 고생을 인하여 울고 통곡하라 너희 재물은 썩었고 너희 옷은 좀 먹었으며 너희 금과 은은 녹이 슬었으니 이 녹이 너희에게 증거가 되며 불같이 너희 살을 먹으리라 너희가 말세에 재물을 쌓았도다 보라 너희 밭에 추수한 품꾼에게 주지 아니한 삯이 소리 지르며 추수한 자의 우는 소리가 만군의 주의 귀에 들렸느니라 너희가 땅에서 사치하고 연락하여 도살의 날에 너희 마음을 살지게 하였도다 너희가 옳은 자를 정죄하였도다 또 죽였도다 그는 너희에게 대항하지 아니하였느니라"(약 5:1-11)

물질을 선용하자

오월은 '계절의 여왕'이라 했습니다. 지금 교회 오다보니 저희 뒷동산에는 아카시아 꽃이 환하게 피어 꽃속에 들어 있는 꿀을 찾아 꿀벌이 부지런히 드나들고 있었습니다. 꿀이 있는 곳에 벌이 찾아오듯이 사랑을 가지고 있으면 사랑의 대상이 찾아오게 되고 진리가 있으면 교회가 부흥하게 됩니다.

또한 오월은 가정의 달입니다. 가정의 달 오월 하면 가정을 처음 이루게 된 부부를 생각하게 됩니다. 가정의 행복은 부부가 화목할 때 가능합니다. 부부관계는 가정 행복의 첫 단추입니다. 부부가 싸우면서 자녀를 잘 키워보겠다는 생각은 어리석은 일입니다. 그 가정의 분위기는 부부가 사랑하게 될 때에 자녀들이 잘 자라납니다. 그래서 5월 5일 어린이날이 맞이 할때 부모들은 자녀들의 장래를 생각하면서 부부간의 화목을 이루어야 합니다.

그리고 저들이 결혼해서 나처럼 살게 될 때 행복하겠는가 하는 생각을 하면서 자녀들에게 좋은 모델을 제시해야 합니다. '너는 앞으로 커서 나 같은 아내가 되라', '나 같은 자부가 되라', '너는 나 같은 아들이 되라'고 할 정도의 각오가 있어야 합니다. 그래서 어린이날은 부모가 각성하는 날이라고 생각합니다. 또 어버이날은 왜 하나님께서 부모에게 효도하라 하셨는가 살펴보면서 인간관계의 첫 단추인 부모님과의 관계를 생각해 보아야 합니다.

첫 단추를 잘못 끼웠을 때 둘째 단추는 잘 끼울수가 있습니까? 첫 단추인 부모님과의 관계가 반듯하게 잘 끼워졌을 때에만 두 번째 세 번째 인간 관계도 아름답게 되는 것입니다. 형제들과의 관계도 부모님과 원만한 관계가 이루어질 때 그 형제간에 우애 있는 가족이 되는 것입니다.

하나님은 그것을 아시기 때문에 "네 부모를 주 안에서 순종하고 네 부모를 공경하라"(엡 6:1-2) 그렇게 말씀하셨습니다. 5월에는 어린이 주일과 어버이 주일뿐만 아니라 스승의 날, 스승의 주일도 있습니다. 저는 이 스승의 날을 참으로 귀한 날로 생각합니다. 저에게는 자녀들이 셋이 있습니다. 그래서 지금까지 초등학교, 중학교, 고등학교 졸업식을 참석 했습니다. 그때마다 하나님께서 제 아내에게 지혜를 주셨어요. 아내는 학기 초에 선생님을 찾아가지 않고 졸업식 때마다 꽃다발을 두 개씩 사가지고 학교에 갑니다. 다른 사람들은 자녀에게 줄 꽃다발만을 가지고 가는데 아내는 꼭 두 개의 꽃다발을 화사하게 만들어 가져갑니다. 그 중 큰 꽃다발을 선생님께 갖다드립니다.

'선생님 수고하셨습니다.' 하면서 꽃다발을 드렸더니 어떤 선생님은 웃으시며 농담조로 '아, 진작에 가져오시지.' 하시더래요. 그 말에 대해 이해는 충분히 갑니다. 모든 사람들은 다 조건부로 스승을 대하기 때문일 것입니다.

여러분! 이 '스승'이라고 하는 사람은 대단히 중요합니다. 스승을 좋아하는 사람은 스승을 닮습니다. 자녀 앞에서 학교 선생님을 욕하는 부모는 자신의 아이들에게 공부하지 말라는 소리와 같아요. 자녀 앞에서 교회 목회자를 욕하는 것은 교회 나가지 말라는 소리와 같습니다. 비록 선생님이 잘못하더라도 하나님이 내 사랑하는 자녀를 위하여 선생님으로 세웠는데 하면서 그를 위해 기도해 주고 이해하려고 노력할 때에 자녀가 공부도 잘하게 되고 학교에서 탈선하지 않습니다. 할렐루야! 믿습니까? 너무너무 중요한 사실이 입니다.

저는 과거에 교회 개척을 하다가 예상 밖의 일들이 일어나 대단히 놀랜 적이 있습니다. 창원에 사는 분교의 교장 선생님이 저희 집에 찾아오셨습니다. 그런데 그분은 저보다 키도 이만큼 더 크고 머리가 하얗게 벗어진 분이었습니다. 어느 날 갑자기 저희 집에 오더니 연세 많이 드신 분인데 저에게 절을 해요. '목사님 절 받으십시오' 하고 어른이 절을 하는 것이에요. 30대인 저는 깜짝 놀래면서 교장선생님의 손을 잡고 '왜 이러십니까? 제가 절을 해야 되지요' 했습니다. 그러자 그분은 '내가 아들을 잘못 키워서 굉장히 많이 탈선했는데 군포제일교회 다니더니 사람이 됐습니다. 내가 이 은혜를 어떻게 갚아야 하지요' 하고 제 손을 뿌리치고 절을 해서 저도 같이 코가 땅에 닿도록 절을 했습니다.

그분이 아주 명언을 남겼습니다. '목사님 내가 오랫동안 이렇게 학교 선생님을 하는데 초등학교 학생은 선생님이 바보도 만들 수 있고 천재도 만들 수 있다고들 합니다' '왜 그렇습니까?' 하고 물었더니 '좀 수줍어하는 애들도 선생님이 하루쯤 머리를 쓰다듬어주고 너도 할 수 있어 너도 이것 한번 해봐' 하고 다니면서 지도를 해주면 기가 살아 가지고요 잘 한대요.

그리고 아무리 은사가 있고 똑똑한 아이들도 꿀밤을 주고 야단치면 주눅이 들어 가지고 슬슬 눈치보고 아이가 기가 죽는대요. 선생님들의 역할이 아이들에게 얼마나 중요한 것인가 하는 것을 저는 알고 있습니다. 그 교장선생님은 저에게 부탁했습니다. '목사님. 저의 아들에게 한

번씩 눈길을 주세요. 그리고 기도를 꼭 해주세요. 그러시면 저의 아들이 변화될 수 있습니다.' 그러면서 교장선생님은 창원에 내려가셔서 봉급 중에 꼭 만원씩 -20년 전에는 만원이면 많았어요- 꼭 보냈어요.

아들이 군대에 갔지만 제대할 때까지 계속 만원씩 보냈어요. 제대해 가지고 와서 아들이 우리 교회에 왔는데 결국 아버지의 지혜가 아들을 목사로 만들어 냈습니다. 할렐루야! 믿습니까? 얼마나 귀한지 몰라요.

오늘 우리 스승의 날을 맞이하여 스승의 가치를 알아야 됩니다. 주일학교 교사의 가치를 알고 선교원 교사의 가치를 알고 중고등학교 선생님들의 가치를 알고 대학 교수들의 가치를 알아야 됩니다. 말 안 듣는다고 종아리 때려서 줄 몇 군데 섰다고 부모님들이 전화통을 붙들고 교사에게 욕지거리를 해서는 안됩니다. 교사들도 때로는 사람이기 때문에 분노를 하기는 하지만 그래도 우리는 그들을 인정해주어야 나라가 달라집니다. 할렐루야! 믿습니까?

선생님들 중에는 촌지나 밝히고 애들을 차별한다는 그런 선생님도 있지만 그렇지 않은 훌륭한 선생님이 훨씬 많습니다. 그래서 우리는 기본이 되어 있는 사람을 기준을 삼고 살아야 세상을 긍정적으로 살 수 있습니다. 여러분 오늘날 교회를 한번 봅시다. 기본이 안 된 사람이 목회자가 되니까 세상을 떠들썩하게 만들잖습니까? 인생을 살아가는데 기본자세가 바로 되어야 합니다. 제가 볼링을 배우러 갔는데 그냥 한 번 굴려보니까 잘 맞아서 점수도 제법 나와요. 그런데 어느 단계쯤 가니까 안 늘어요. 그래서 물어 봤습니다. 그랬더니 처음부터 기본기를 배워야만 된다는 거예요 자세가 똑 발라야 는다는 거예요. 저는 그 소리를 들으면서 아! 그렇지 하며 고개를 끄떡였습니다.

여러분! 인생을 사는데 왜 행복이 없는지 압니까? 인생을 살아가는 기본기가 되어 있지 않기 때문에 자꾸 어려움을 당해요. 여러분! 기본기를 바로 다집시다. 할렐루야! 믿습니까? 지금은 좀 어려워도 자세를 한 번 고쳐 봐야 돼요. 그 자세를 고치는 가장 근본적인 방법은 우리가 창조주를 기억하는 겁니다. 하나님을 기억하는 거예요.

신앙 생활 하는 게 얼마나 즐거운지 몰라요. 두 마음이 아니라 한 마음을 품으면 갈등이 없습니다. 믿습니까? 한 마음인데 무슨 갈등이 있겠어요? 하나님을 사랑하는 마음을 가지면 옆에서 어떤 문제가 일어난다 할지라도, 많은 문제가 일어난다할지라도 천국을 바라보고 가는 사람은 절대로 좌절하지 않습니다.

하나님을 바라보는 마음입니다. 바로 서는 것입니다. 부모님께는 효도하는 마음입니다. 자녀를 하나님의 말씀으로 양육하는 것입니다. 세상에서 여러 가지 많은 것보다 더 중요한 것은 하나님을 잘 믿는 자녀를 키우는 것입니다. 선생님을 인정하고 사랑하는 마음, 그들을 위하여 기도하는 마음입니다. 이 마음으로 살게 될 때, 영혼을 사랑하는 마음으로 살게 될 때, 여러분과 제 앞에는 행복이라는 두 글자가 성큼 다가 올 것입니다. 할렐루야!

세상의 부자는 영원하지 못합니다.

불의한 부자는 옳은 자를 죽이는 죄를 범합니다. "들으라 부한 자들아 너희에게 임할 고생을 인하여 울고 통곡하라 너희 재물은 썩었고 너희 옷은 좀먹었으며 너희 금과 은은 녹이 슬었으니 이 녹이 너희에게 증거가 되며 불같이 너희 살을 먹으리라 너희가 말세에 재물을 쌓았도다"(약 5:1-3).

오늘 본문으로 돌아가 보면 야고보 사도는 말하기를 "들으라 부한 자들아"라고 말씀 합니다. 하나님은 야고보 사도를 통하여 "부한자들아 너희에게 임할 고생을 인하여 통곡하라"(약 5:1)말씀 했습니다. 왜 부한 자들에게 고통과 고생이 임하게 됩니까? 재물을 많이 쌓아놨어요. 어떻게 재물을 모았나요? 추수하는 사람에게 일을 시키고 그들에게 정당한 품삯을 주어야 하는데 주지 않고 품삯을 다 모아서 곡간에 다 쌓아 놓았다는 말이에요. 얼마나 많이 갖다 놓았습니까? 재물이 썩을 정도로 갖다 놨어요. 얼마나 옷을 많이 쌓아놓았습니까? 좀이 먹을 정도로 가득히 채워놨어요. 그리고 은과 금은 가져다가 녹이 슬 정도로 거기에 쌓아 놓았습니다. 이것이 문제라는 것이죠. 이런 사람에게는 큰 환난이 임한다고 성경은 말씀합니다. 너희가 말세에 재물을 쌓았다. 다른 사람은 굶어 죽고 있고, 영혼 구원사역에 힘을 써야 되는데 전토에 전토를 더하고 가옥에 가옥을 더하며 자기만을 위하여서 많은 재물을 쌓아 놓았으니까 나중에 환란을 당한다 이렇게 말씀 하는 거에요. 사랑하는 성도 여러분! 우리는 재물을 쌓아놓는 그런 즐거움보다도 남에게 재물을 주는 즐거움을 더 많이 가지시기를 주의 이름으로 축원합니다.

"내가 마음에 죄악을 품으면 주께서 듣지 아니하시리라"(시 11:18)라는 말씀은 죠지 뮬러라고 하는 사람이 늘 기도 할 때마다 읽는 귀절입니다. 왜 기도 할 때마다 읽느냐 하면 그는 기도하기 전에 '내가 하나님의 뜻대로 기도하고 있는가' '내가 내 욕심을 채우려고 하지 않고 하나님의 뜻대로 기도하고 있는가' 하고 자기를 돌아본 다음에 기도했다고 합니다. 우리 대한 민국의 많은 부자들이 다시 한 번 생각해야 한다고 생각합니다.

저는 어제와 그저께 한국 기독교 연합회에서 모임을 갖는다 하여 그곳에 참석했다가 깜짝 놀랐습니다. 지금 이북에서는 너무 배가 고파서 중국으로 탈출한 사람들이 많답니다. 어느 정도 많은가 하면 최근 소식에 의하면 55만 명이라고 하는 사람도 있고 어떤 발표에서는 10만명 이라는 사람도 있다고 합니다만 통계적으로 보면 약 30만명 가량이 되지 않을까 추측해 봅니다. 배고픈 것도 서러운데 저 북쪽에 있는 보안원들이 탈북자들의 귀를 철사로 꿰어서 다시 북으로 끌고 간다고 합니다. 얼마나 고생하고 있는지 몰라요! 탈북자들은 중국에서 인간대접을 받지 못하고 있습니다. 특히 중국에서도 숨어 살아야할 형편이기 때문에 중국사람들에게 받는 멸시와 천대는 인간으로서는 상상하기 힘든 지경에 이르렀다는 것입니다.

그러면 우리 동족이 이렇게 어렵게 사는데 부한 자들은 어떻게 살아야겠습니까? 지금 우리나라 어떤 단체에서는 탈북자들이 배가 고파서 탈북했기 때문에 이들을 유엔이 인정하는 난민으로 보호 받아야 한다고 주장하면서 유엔에 청원운동을 하고 있습니다. 그런데도 잘 받아 들여지지 않고 있어요. 우리 한국의 모든 신문들도 그 난민들의 고통을 헤아려 주는 기사가 별로 없었어요. 그런데 얼마 전에 미국의 워싱턴 포스트지 기자가 중국에서 탈북자를 취재를 했습니다. 그 기사는 세계에 알려졌고, 온 세계가 탈북자는 난민이 되어야 한다는 여론이 형성되었습니다. 그런데 이러한 여론의 형성은 미국에 살고 있는 장로님의 노력으로 가능했습니다. 그가 워싱턴 포스트지에 있는 기자를 움직여 경제력도 대주며 마음껏 취재할 수 있도록 도움을 주었습니다. 기자는 중국에 있는 북한 동포의 처절한 삶을 세상에 알리게 되었고, 이 기사로 세계가 도우려고 움직이고 있다고 합니다. 우리 나라에서는 별로 말이 없지만 저 프랑스에 있는 지식인들은 난민이 되어야 된다고, 유엔에서 보호받아야 되는 사람이라고 주장 합니다. 이제 우리 교회는 이 일에 앞장서야 합니다. 이제 부한 자들은 가난으로 부르짖고 고통 당하는 그들을 향하여 사랑의 손길을 펼 줄 알아야 됩니다.

말세에 구원운동하고 생명 운동할 그 때에 재물을 쌓아 놓으면서 "사치하고 연락하여 도살의 날에 너희 마음을 살찌게 하였도다"(약 5:5) 하는 책망을 받아서는 안됩니다. 오늘 하나님께서 야고보 사도를 통해서 부한 자들의 죄를 지적 합니다. 너희에게는 재물을 쌓아두는 죄가 있다. 너희는 남의 재물을 탈취하는 죄가 있다. 너희는 사치하는 죄가 있다. 너희는 의인을 박해하는 죄가 있다. 그렇습니다. 사랑하는 성도 여러분! 우리는 하나님께 기도하면서 오늘 본문에서 부자같이 나 혼자만 잘 살려고 몸부림치는 그 길을 가지 말고 하나님 뜻대로 일할 사람에게 정당한 인건비를 주고 또 남의 밑에서 일하는 사람들은 정당하게 열심히 일을 해서 주인에게 유익을 남겨 줄 수 있는 충성된 사람으로 살아서 세상을 아름답게 바꾸며 살게 되기를 주의 이름으로 축원합니다.

다시 성경을 봅시다. 야고보서 4장 14절에 보니까 "내일 일을 너희가 알지 못하는도다 너희 생명이 무엇이뇨 너희는 잠깐 보이다가 없어지는 안개니라." 그랬어요. 여러분! 우리는 내일 어떤 환난을 당할지 모릅니다. 어떤 좋은 일이 있을지도 모릅니다. 그러나 하나님은 아십니다. 그러므로 우리가 하나님의 뜻대로 살 때 하나님께서 좋은 환경을 가져다 주는 것입니다.

하루는 예수님에게 한 청년이 찾아 왔습니다. 이 청년은 구원에 대하여 관심이 있었습니다. 청년은 예수님께 물었습니다. '예수님, 제가 구원을 받으려면 어떻게 하여야 하지요?' '계명을 아느냐?' 라고 예수님 청년에게 묻자, 청년은 '예 압니다. 어려서부터 제가 그것을 지켰습니다.' 라고 대답했습니다. '그래 그러면 너에게 있는 많은 재산을 가난한 사람에게 나누어주고 나를 쫓아라' 라고 예수님이 청년에게 말하자,

그 청년은 재산이 많은 고로 근심하며 예수님을 떠나버리고 말았습니다. 이 부자는 하나님보다 물질을 더 사랑하므로 예수님을 따르는 것보다 물질을 더 사랑하므로 근심하며 돌아갔다고 말하고 있습니다.

또 성경에 보면 삭개오라고 하는 사람이 나옵니다. 삭개오는 뽕나무에 올라가서 예수님을 보았습니다. 지나가는 예수님이 뽕나무 위에 있는 삭개오를 향하여 '삭개오야, 내가 오늘 네 집에 유하겠다'고 했습니다. 예수님을 영접한 삭개오는 새사람으로 변화되었습니다. '주님 내 재물의 반을 팔아서 가난한 자에게 주겠습니다.' 했습니다. 예수님을 만나게 되니까 가난한 사람이 눈에 보이게 된 것입니다. 예수님을 만나게 되니까 자기의 가지고 있는 물질을 어떻게 쓰는 것이 바르게 쓰는 것인가를 알게 된 것입니다. 여러분! 우리 예수님 만나서 여러분이 가지고 있는 건강, 여러분이 가지고 있는 물질, 여러분이 가지고 있는 지혜, 여러분이 가지고 있는 은사를 하나님의 의도대로, 하나님의 뜻대로 쓰게 되기를 주의 이름으로 축원합니다.

바로 삭개오가 예수님을 만나니까 인생을 어떻게 살아야 된다는 것을 알게 된 겁니다. '예수님 내가 토색한 일이 있으면 나중에 사배나 갚겠습니다.' 인생은 예수님을 만나야 환난을 극복할 수 있는 힘을 얻으며, 인생을 어떻게 사는 것이 바르게 사는 것인가를 깨달을 수 있습니다. 추수꾼의 수고에 정당한 품삯을 지불해야 합니다. 추수하는 자의 우는 소리가 만군의 여호와의 귀에 들렸다고 했습니다. 하나님과의 관계, 사람과의 관계에서 물질관계를 잘 해야 합니다.

본문 7, 8절을 보면 "그러므로 형제들아 주의 강림하시기까지 길이 참으라 보라 농부가 땅에서 나는 귀한 열매를 바라고 길이 참아 이른 비와 늦은 비를 기다리나니 너희도 길이 참고 마음을 굳게 하라 주의 강림이 가까우니라"고 했습니다. 오늘 우리에게 하시는 말씀입니다. 너희는 세상에서 환난을 당하지만 예수 그리스도의 이름으로 참으라, 기다리라 그러면 분명히 예수님 안에 사는 사람들은 좋은 날을 맞이 하리라.

길이 참고 마음을 굳게 하라고 하십니다

"너희는 길이 참고 마음을 굳게 하라"(약 5:8) 여러분 한 마음을 품으세요. 단순하게 사세요. 주님께 맡기세요. 주인이신 하나님만 모시고 살면 됩니다. 예수님을 모시고 살면 얼마나 마음에 평강이 있는지 몰라요. 저는 목회하면서 어떤 분이 '스트레스 안 받느냐' '고통 당하지 않느냐'고 물어보시면 기도하지 않을 때는 고통스럽다고 말했습니다.

그러나 기도하며 예수님을 바라보면 마음에 평안함이 있다고 말했습니다. 아무리 어렵다 할지라도 예수님보다 더 고통스럽지 않습니다. 예수님은 머리 둘 곳이 없다고 하셨습니다. 한 평 아파트면 어떻고 16평이면 어떻고 50평이면 어때요. 주님은 머리 둘 곳이 없다고 하셨습니다. 따라합시다. '예수님보다 내가 부자다.' 믿습니까? 예수님을 생각하면 어떤 환경도 이길 수 있습니다. 사랑하는 성도 여러분! 오늘 본문 말씀을 볼 때 불의한 자가 여러분을 대적해 올지라도, 불의의 권력을 가진 사람이 우리를 대적하여 온다 할지라도 마음을 움직일 필요가 없습니다. '기다려라 참아라 마음을 굳게 하라'는 주님의 음성이 있기 때문입니다. 여러분은 꼭 승리합니다. 할렐루야!

님만 보면

님만 바라보며
한 마음으로
한 길만을 달려갈래요

세상을 보며
여러 것 생각하니
망설임과 번민 번뇌
아무것도 할 수 없게 해요

종된 나
주인님만 보면서
단순한 생각
감사한 생각
님이 원하는 구원의 사역에
제물로 사루어질래요.

11

주의 강림을 기다리는 성도의 자세

"그러므로 형제들아 주의 강림하시기까지 길이 참으라 보라 농부가 땅에서 나는 귀한 열매를 바라고 길이 참아 이른비와 늦은비를 기다리나니 너희도 길이 참고 마음을 굳게 하라 주의 강림이 가까우니라 형제들아 서로 원망하지 말라 그리하여야 심판을 면하리라 보라 심판자가 문 밖에 서 계시니라 형제들아 주의 이름으로 말한 선지자들로 고난과 오래 참음의 본을 삼으라 보라 인내하는 자를 우리가 복되다 하나니 너희가 욥의 인내 들었고 주께서 주신 결말을 보았거니와 주는 가장 자비하시고 긍휼히 여기는 자시니라"(약 5:7-11)

주의 강림을 기다리는 성도의 자세

사랑은 가슴에 있는 것보다는 표현이 될 때에 그 위력이 나타납니다. 옆에 분 보고 '사랑합니다' 한 번 해 봅시다. 이렇게 표현이 될 때에 가슴이 움직입니다. 하나님도 우리에 대한 사랑을 독생자 예수 그리스도를 이 땅에 보내셔서 십자가에서 피를 흘리게 하심으로 표현하셨습니다.

그래서 우리는 하나님께서 우리에게 나타내신 그 사랑의 깊이와 분량 늘 깨닫고 삽니다. 그러므로 어떤 환경 속에서도 하나님의 사랑을 깨달으면 소망이 생기고 내가 하나님의 사랑을 받고 있다는 생각을 하면 감격하는 것입니다. 여러분 많은 사람들을 만나서 한번 여쭤 보세요. 울어 본 경험이 있습니까? 아파 본 경험이 있습니까? 예수 믿는다고 핍박을 받아 본 경험이 있습니까? 이렇게 물을때 대부분의 사람들은 '예 실컷 울어 본적이 있습니다. 육신의 고통으로 잠못 이룰 때가 있습니다. 신앙 때문에 가정에서 따돌림당하고 친구에게도 따돌림 당했습니다'라고 대답할 것입니다.

야고보 사도는 우리에게 말씀하기를 "형제들아 너희가 여러 가지 시험을 만나거든 온전히 기쁘게 여기라"(약 1:2) 그랬습니다. 시험 안 받아 본 분은 한 분도 안 계실 것입니다. 다 시험을 받았습니다. 세상 사람들도 시험을 받고 믿는 우리들도 시험을 받습니다. 지금 이 시간에도 시험 들어서 고통 받고 힘들어 하는 분들도 계실 것입니다. 그런데 성경은 말합니다. "너희 믿음의 시련이 인내를 만들어 내는 줄 너희가 앎이니라 인내를 온전히 이루라 이는 너희로 온전하고 구비하여 조금도 부족함이 없게 하려 함이라"(약 1:3-4)그랬습니다.

하나님께서 시련을 주시는 목적은 우리를 조금도 부족함이 없게 하시기 위함입니다. 할렐루야. 그렇기 때문에 여러 가지 시험이 우리에게 오면 믿음으로 극복을 하는 것입니다. 인내하는 것입니다. 믿음으로 극복함으로 겸비하고 하나님의 나라를 온전히 믿는 믿음까지 이르게 되는 것입니다. 여러분! 믿는 사람은 이 땅에서의 행복을 제일로 치지 않습니다. 땅에서도 행복하게 살아야 되겠지만 영원한 하나님의 나라를 소망하기 때문에 이 땅에서 여러 가지 환난이 닥쳐 와도 여호와를 목자삼고 즐거워 하면서 살 수 있는 믿음과 지혜가 생기는 것입니다. 할렐루야!

성경에 나오는 다윗이라는 분이 있어요. 그는 사울이라는 왕에게 미움을 받았습니다. 시기 질투를 받은 사람입니다. 그래서 사울은 다윗을 죽이려고 군대를 데리고 따라 다녔어요. 그러나 다윗의 마음속에는 늘 시와 찬미가 흘러 넘쳤습니다.

"여호와는 나의 목자시니 내가 부족함이 없으리로다 그가 나를 푸른 초장에 누이시며 쉴 만한 물가로 인도하시는도다 내 영혼을 소생시키시고 자기 이름을 위하여 의의 길로 인도하시는도다 내가 사망의 음침한 골짜기로 다닐 지라도 해를 두려워 하지 않을 것은 주님이 나와 함께 하심이라 주의 지팡이와 막대기가 나를 안위하시나이다 주께서 내 원수의 목전에서 내게 상을 베푸시고 기름으로 내 머리에 바르셨으니 내 잔이 넘치나이다"(시 23:1-5). 다윗은 하나님이 사울의 앞에서 자기에게 상을 주시리라는 믿음을 가지고 있었습니다. 그는 쫓겨다니면서도 하나님께서 나를 높여 주리라는 믿음을 가졌기 때문에 좌절하지 않았습니다. 할렐루야! 여러분! 꿈이 있는 성도들은 좌절하지 않습니다. 그러면서 그는 노래하기를 "내 평생에 선하심과 인자하심이 정녕 나를 따르리니 내가 여호와의 집에 영원히 거하리로다"(시 23:6) 영원을 믿었습니다.

사랑하는 성도 여러분! 지금 무엇 때문에 괴로워하십니까? 다윗처럼 여러분을 쫓는 사울과 같은 사람이 있습니까? 다윗처럼 어려운 환경에 처해 있습니까? 여러분은 누구의 보호를 받기 원하고 있습니까? 오늘 이시간 하나님의 보호를 원하시고 하나님의 보호를 받으시기를 주의 이름으로 축원합니다. 하나님은 우리를 향하여 "여호와께서 너로 실족지 않게 하시며 너를 지키시는 자가 졸지 아니하시리로다 이스라엘을 지키시는 자는 졸지도 아니하시고 주무시지도 아니하시리로다"(시 121:3-4) 라고 말합니다. 우리가 졸 때에 문제가 일어날 수도 있고 주무실 때에 도둑 맞을 수가 있습니다. 그러나 하나님은 졸지도 않고 주무시지도 않습니다.

"여호와는 너를 지키시는 자라 여호와께서 네 우편에서 네 그늘이 되시나니 낮의 해가 너를 상치 아니하며 밤의 달도 너를 해치 아니하리로다 여호와께서 너를 지켜 모든 환난을 면케 하시며 또 네 영혼을 지키시리로다"(시 121:5-8) 우리의 육체는 시들어 가고 겉사람은 후패해져 가지만 하나님이 붙들고 있는 여러분의 영혼은 날마다 새로워지고 힘있게 성장한다는 사실을 믿게 되기를 주의 이름으로 축원합니다. 여호와께서 너의 출입을 지금부터 영원까지 지키시리라고 약속하셨습니다.

그런데 하나님께서 야고보 사도 당시에 이스라엘에 흩어져 있는 열두 지파를 향하여 하나님이 지키시는 모습이 나타납니다. 하나님께서는 부한 자들에 대하여 책망을 하지요. 그 당시 부자들은 하나님보다 물질을 더 사랑하고 사람보다 물질을 더 사랑하고 남을 생각하지 않았습니다. 자기 돈을 녹슬 정도로 집안에 쌓아 두고 은도 녹슬 정도로 쌓아 두었습니다. 옷이 많은데 남에게 나누어 주지 아니하고 좀 먹고 썩을 정도로 쌓아 놓고 자기만을 위하여 사용했습니다. 또 남에게 일을 많이 시켰지만 일한 사람에게 삯을 주지 아니하고 자기 주머니로 다 가져다 불의한 방법으로 돈을 모았습니다. 하나님은 이런 악한 부자를 책망하셨습니다. "보라 너희 밭에 추수한 품꾼에게 주지 아니한 삯이 소리 지르며 추수한 자의 우는 소리가 만군의 주의 귀에 들렸느니라"(약 5:4)라고 말씀하십니다.

농부의 지혜로 마음을 굳게 하고 기다리라

"형제들아 주의 강림하시기까지 길이 참으라 보라 농부가 땅에서 나는 귀한 열매를 바라고 길이 참아 이른비와 늦은비를 기다리나니 너희도 길이 참고 마음을 굳게 하라 주의 강림이 가까우니라"(약 5:7-8) 본문에 '농부'라는 말씀을 합니다. 농부는 가을을 상상하고 봄을 맞이합니다. 그런데 봄에는 잠이 제일 많을 때입니다. 아침에 일찍 일어나기 싫을 때가 봄이지요. 겨울이 지나고 봄이 오면 잠이 왜 그렇게 많이 오는지 몰라요. 시골에 있을 때 저희 어머니가 깨우면 제일 싫은 때가 봄이에요. 사오월 지금 이 때가 잠이 제일 잘 옵니다. 그러나 부지런한 농부는 아침에 일찍 일어나서 밭에 가서 콩도 심고 씨 뿌리는 일을 합니다. 가을을 보면서 봄을 맞이하고 가을 추수를 생각하면서 여름에 수고의 땀을 흘리는 겁니다. 가을의 열매를 기대하면서 씨를 땅에 심고 가을을 기다립니다. 농부는 절대 서두르지 않습니다. 가을이 오기까지 기다리는 것입니다. 계절에 따라 그는 응하게 되고 장래를 바라보면서 그렇게 살아가는 거죠. 가을을 생각하면서 고통을 극복을 하고 있습니다. 가을의 열매를 기억하면서 배고픔도, 수고도 극복하면서 이른비와 늦은비를 기다립니다. 바로 주의 강림을 기다리는 사람은 농부처럼 주의 강림을 기다리면서 인내하라는 거예요. 할렐루야! 믿습니까? 농부 예화는 주의 강림을 기다리는 성도에게 참 좋은 예화입니다.

　제가 어릴 때였습니다. 저는 참 가난하게 살았어요. 겨울이 지나고 삼사월이 되면 양식이 떨어집니다. 양식이 떨어지면 꼭 부잣집에 가서 장리쌀을 먹어요. 그런데 그 쌀마저 다 떨어질 때였습니다. 아랫목에 고구마가 한 자루가 있었어요. 제가 어머니에게 '어머니 배 고픈데 이것 쪄 먹읍시다' 라고 졸랐는데 어머니는 들은 체도 않으시는 거예요. 그런데 어머니는 날이 풀려 따뜻해지니까 그 고구마를 들고 나가서 밭에 거름을 주고 골을 만든 다음에 고구마를 땅에 묻는 거예요. 참 먹고 싶은데 그 고구마를 땅에 묻어요. 손도 못 대게 해요. 심은 고구마에서 순이 많이 났습니다. 비가 살짝 오게 되니까 고구마 순을 잘라 밭에 나가서 갖다가 심었습니다. 심은 고구마 순은 힘이 없이 서 있는 것 같더니 어느덧 가을철이 되니까 툭툭 벌어진 땅 속에서 큼직한 고구마가 주렁 주렁 달려 있는 것입니다. 제가 그걸 보면서 '내가 고구마를 먹고 싶다고 해서 다 먹었으면 어떻게 되었을까'를 생각해 보았습니다. 봄에 다 먹어 버렸으면 이렇게 풍성한 가을을 맞이할 수 있었겠습니까? 그러나 배고픔을 참으면서 고구마를 심고 가을을 기다리고 밭을 매고 김을 매어 주었더니 풍성한 가을을 맞이할 수 있었습니다. 이와 같이 농부의 지혜는 먹을 것과 먹지 않을 것을 분별합니다. 농부는 때를 기다립니다. 농부는 가을의 열매를 보면서 항상 기다려요.

사랑하는 성도 여러분! 우리도 농부의 지혜로 주님 오실 날 주님 오셔서 혼인잔치에 부르고 그 나라에서 누릴 영화를 생각하면서 현실의 어려움을 극복하게 되기를 주의 이름으로 축원합니다.

원망하지 말고 선지자를 본받아 오래 참으라

"그러므로 형제들아 주의 강림하시기까지 길이 참으라 보라 농부가 땅에서 나는 귀한 열매를 바라고 길이 참아 이른 비와 늦은 비를 기다리나니"(약 5:7) 너희가 참고 마음을 굳게 하라고 말씀하십니다. 신앙생활하는 사람이 마음이 약해 버리면 안됩니다. 마음을 굳게 해야 됩니다. 자꾸 누가 와서 흔들어도 흔들림이 없이 마음을 굳게 하고 농부처럼 그렇게 살아야 된다. 오늘 본문은 말합니다. 선한 농부는 씨와 곡식을 분별하고 하나님의 요구와 시대의 요청에 땀 흘림을 아끼지 않는 농부가 나중에 좋은 열매를 거두게 됩니다.

여러분 같이 성경을 보십시다. 우리 한 번 9절을 읽어봅니다. "형제들아 서로 원망하지 말라"(약 5:9) 원망하지 말라 그 다음에요 "그리하여야 심판을 면하리라 보라 심판자가 문 밖에 서 계시니라" 자신의 실패의 원인을 자꾸 남에게 돌리지 말아요. 타락된 인간성은 무엇입니까? 창세기에도 보니까 아담이 실패한 원인을 하와에게 돌리고 하와도 하나님이 책망하니까 뱀에게 돌렸습니다. 결국 아담이 하나님 앞에 하는 말이 있어요. '하나님이 주신 저 여자가 선악을 알게 하는 나무 실과를 먹게 했습니다' 아담은 결국 책임을 하나님께 돌려버렸습니다. 우리는 절대 세상을 원망하지 말아야 됩니다.

　나라가 잘못 되면 기도 못한 나의 죄고, 교계가 어려우면 내가 교계 속에서 빛과 소금 되지 못한 책임을 느끼면서 항상 기도해야 됩니다. 내가 잘못 되었다고 지도자를 욕하거나 가정이 잘못 되었다고 자녀나 남편이나 아내에게 서로 책임을 전가하기 바쁘면 그 집은 소망이 없습니다. 그래서 오늘 성경은 말하기를 '원망하지 말라 구원받은 너희들은 서로 원망하지 말라 원망하지 않아야 되지 원망하게 되면 심판을 받는다' 그랬습니다.

　성경을 보니까 '문 밖에 계시니라' 하나님은 천년을 하루같이 보시는 견지에서 오늘 성경이 말씀 하고 있습니다. "보라 인내하는 자는 우리가 복되다 하나니 너희가 욥의 인내를 들었고"(약 5:11) "형제들아 주의 이름으로 말한 선지자들로 고난과 오래 참음의 본을 삼으라."(약 5:10)' 예. 그렇지요 오래 참아 본을 삼아라. 한번 따라 합시다. '본을 삼아라' 본을 삼을 만한 사람을 선지자들 중에서 찾아 봤더니 하박국 선지자가 우리의 본을 삼을 만 합니다. 사실은 이사야나 예레미야나 다 본을 삼을 수 있지만 오늘 하박국 선지자가 하신 말씀을 생각 합니다. "내가 들었음으로 내 창자가 흔들렸고 그 목소리로 인하여 내 입술이 떨렸도다 무리가 우리를 치러 올라오는 환난 날을 내가 기다리므로 내 뼈에 썩이는 것이 들어왔으며 내 몸은 내 처소에서 떨리는도다 비록 무화과나무가 무성치 못하며 포도나무에 열매가 없으며 감람나무에 소출이 없으며 밭에 식물이 없으며 우리에 양이 없으며 외양간에 소가 없을지라도 나는 여호와를 인하여 즐거워하며 나의 구원의 하나님을 인하여 기뻐하리로다"(합 3:16-18) 하박국 선지자는 내적인 것과 외적인 것으로 가진 것은 하나도 없고 환난만이 있었습니다. 여러분! 마음이 너무 힘이 들고 두려움이 오게 되면은 배가 아프게 됩니다. 그래서 하박국 선지자도 두려움 때문에 창자가 흔들렸다고 그랬어요. 내 입술이 떨렸다고 그랬습니다. 뼈가 썩는 것과 같이 뼈가 저리다는거예요. 그리고 환경을 보아도 외양간에는 소도 없고 양도 없고 논밭에 소출이 없고 무화과 열매가 없었어요. 아무 것도 없다는 말입니다. 그러나 하박국 선지자는 "나는 여호와를 인하여 즐거워하며 나의 구원의 하나님을 인하여 기뻐하리로다"라고 하였습니다. 할렐루야! 구원의 가치는 이런 것입니다.

여러분! 사람은 건강할 때 감사합니다. 그러나 건강 잃으면 불평하게 됩니다. 우리는 건강해도 감사하고, 병들어도 감사하고, 가난해도 감사하는 단계까지 올라 갈 때 하나님의 능력을 이 세상의 많은 사람들에게 나타낼 수가 있습니다. 여러분! 무엇 때문에 지금 어려움을 당하고 계십니까? 사람을 보십니까? 아니면 환경을 보십니까? 구원의 하나님을 보세요. 할렐루야! 영원한 세계를 바라보세요.

로마서 8장28절에는 "우리가 알거니와 하나님을 사랑하는 자 곧 그 뜻대로 부르심을 입은 자들에게는 모든 것이 합력 하여 선을 이룬다"고 하였습니다. 또 로마서 8장 32절에는 "자기 아들을 아끼지 아니하시고 우리 모든 사람을 위하여 내어주신 이가 어찌 그 아들과 함께 모든 것을 우리에게 은사로 주시지 아니하시겠느뇨" 라고 했습니다. 로마서 8장 35절부터 37절까지 말씀에서 "누가 우리를 그리스도의 사랑에서 끊으리요 환난이나 곤고나 핍박이나 기근이나 적신이나 위험이나 칼이랴 기록된 바 우리가 종일 주를 위하여 죽임을 당케 되며 도살할 양같이 여김을 받았나이다 함과 같으니라 그러나 이 모든 일에 우리를 사랑하시는 이로 말미암아 우리가 넉넉히 이기느니라" 그랬어요. 할렐루야! 이 믿음이 바로 바울 사도의 믿음입니다. 바울 사도는 이 확신 있는 믿음을 가지고 복음을 전했기 때문에 감옥에서도 기도하고 찬송을 부를 수 있었습니다.

"내가 확신하노니 사망이나 생명이나 천사들이나 권세자들이나 현재 일이나 장래일이나 능력이나 높음이나 깊음이나 다른 아무 피조물이라도 우리를 우리 주 그리스도 예수 안에 있는 하나님의 사랑에서 끊을 수 없으리라"(롬 8:38-39)라고 말씀하십니다. 여러분의 영혼은 주님의 손에 붙들려 있기 때문에 절대로 망하지 않습니다. 할렐루야. 믿습니까? 주님이 만물을 지배하고 있는데 어떻게 주님이 붙들고 있는 우리의 영혼을 어떤 피조물에게 뺏앗길 수 있겠습니까?

욥의 인내와 결말을 봄으로 소망을 가지라

"보라 인내하는 자를 우리가 복되다 하나니 너희가 욥의 인내를 들었고 주께서 주신 결말을 보았거니와 주는 가장 자비하시고 긍휼히 여기는 자시니라"(약 5:11) 욥은 왜 어려움을 당했습니까? 욥은 의인입니다. 하나님이 인정하는 의인이에요. 어느날 사단이 하나님 앞에 왔어요. 그런데 하나님이 사단에게 '네가 욥을 보았느냐?' 라고 묻자, 사단이 하는 말이 '이유 없이 욥이 하나님을 섬기는 줄 아세요? 하나님이 욥에게 복을 많이 주셔서 욥이 섬기는 겁니다.' 그러니까 하나님이 사단의 생각이 틀렸다고 말씀을 해요. 사단이 계속 자신의 주장이 옳다고 하니까 하나님은 '그렇다면 네가 한 번 시험을 해봐라' 하고 사단에게 말했습니다. 그리고 하나님은 욥의 재산과 모든 것을 다 사단의 손에 붙였어요. 사단이 하나님으로부터 허락을 받아 시험하는데 재산을 다 가져갔어요. 종도 다 가져갔어요. 하루 아침에 모든 재산을 다 가져갔어요. 심지어 자녀들까지 다 죽었습니다. 아내도 배신하게 만들었어요. 친구도 동원해서 "부르짖어 보아라 네게 응답할 자가 있겠느냐 거룩한 자 중에 네가 누구에게로 향하겠느냐"(욥 5:1) 라고 김을 뺐습니다.

그래도 욥은 흔들리지 않았습니다. 하나님을 의지하는 믿음의 마음이 움직이지 않았습니다. 욥의 신앙은 바로 그런 것입니다. 누가 흔들어도 흔들리지 않는 거에요. 여러분! 남자들의 신앙을 아내가 흔들어서 흔들린다고 하면 욥의 단계까지 갈 수가 없는 것입니다. 친구가 흔들어서 흔들린다면 욥 정도의 믿음을 가질 수가 없어요. 물질 때문에 시험 들어 가지고 신앙이 오르내린다고 하면 그 사람 역시도 욥의 신앙까지 갈 수가 없습니다.

욥은 재산이 모조리 없어져도, 자녀들이 모두 죽어도, 친구들이 꾸짖고 아내마저 배신한다 할지라도 하나님을 한마디도 원망하지 않았습니다. 나중에 사단이 손을 들었어요. 그래서 하나님의 판단이 옳은 것이 드러나게 된 겁니다. 그러니까 하나님께서 시험을 다한 후에 다시 욥에게 복을 주는 대요 어떻게 복을 주었느냐 과거에 있던 복보다 더 많이 주었어요. 그래서 성경 욥기서 42장에 보게 되면 "전국 중에 욥의 딸들처럼 아리따운 여자가 없었더라"(욥 42:15)고 했습니다. 자녀들을 다 데리고 갔는데 하나님이 다시 욥의 그 인내하는 모습을 보고 축복하여 예쁜 자녀들을 주었습니다. 재산도 더 주고 자녀도 더 주고 모든 명예도 더 주고 모든 것을 전보다 몇갑절 더 주었습니다. 그렇게 조롱하던 친구들도 욥의 중보기도로 그들의 잘못을 용서 받고 살아날 수가 있었습니다.

하나님의 허락을 받아서 사단이 여러분을 지금 시험하고 있는지도 모릅니다. 여러분을 시험하고 있는지도 몰라요. 여러분의 믿음이 환경에 좌우되는 것을 보이려고 사단은 여러분에게 나쁜 환경을 가져다 줄 수도 있습니다. 그러나 우리가 하나님을 끝까지 의지하고 나가면 여러분과 저에게는 하나님의 위로가 있고 하나님의 축복이 있습니다. 할렐루야! 저는 얼마 전까지 그런 생각을 많이 했습니다. 우리 교회 권사님

가운데에 남편을 암으로 잃은 권사님이 한 분 계세요. 제가 심방을 갔더니 너무너무 고생을 하고 있었습니다. 그런데 남편의 아파하는 광경을 보면서 잘 인내하고 있었어요. 이 암 병은 가족을 지치게 만듭니다. 그 광경을 보면서 내가 그분에게 부탁을 했습니다. '남편이 아파하는 모습을 보고 돌보았으니 암으로 고생하는 환자를 보살펴 주십시오' 지금은 그분에게 암 환자가 있으면 제가 부탁을 합니다. 그리고 제가 직접 돌아봅니다. 그래요. 우리 교회에 하나님이 축복하시어 충성스런 사람들을 통해서 '호스피스 선교회'가 생겨날 때가 됐어요. 할렐루야! 따라합시다. '어려운 사람들을 돌아보는 교회' 아멘! 우리 교회는 반드시 그렇게 됩니다.

사랑하는 성도여러분! 오늘 본문 말씀이 우리에게 주는 교훈은 첫째, 농부가 열매를 기대하며 늦은 비와 이른 비를 기다리면서 사는 것처럼, 말세를 살아가는 성도들은 농부처럼 살아야 합니다. 둘째, 말세에 사는 성도들은 원망하지 말고 선지자들이 고난 당하고 오래 참은 것을 본을 삼아야 합니다. 셋째, 욥처럼 인내하면서 욥의 결말을 보면서 소망을 가지며 살아야 합니다. 이러한 세 가지 믿음을 가지고 오늘도 승리하게 되기를 주님의 이름으로 축원합니다.

말세를 사는 신자의 지혜로운 삶

얼마전 우리는 교회의 역사를 한눈에 보기 위해 교회와 선교원 복지관의 모습을 다큐멘터리로 엮었습니다. 그 과정에서 제작진에 의해 진실이 상당히 왜곡될 수도 있고, 오해될 소지도 있다는 중요한 것을 깨닫게 되었습니다.

화면속 저녁예배설교 부분에 한 예화가 있었습니다. 그 내용은 몇 년 전 두 아이를 데리고 군포에서 서울로 교회를 다니는 한 여성도에게 '왜 꼭 서울로만 가야 됩니까?' 했더니 그 성도는 '담임자를 서운하게 하면 안될 것 같다', 또 '목회자들이 저주하면 두렵다'고 대답하였습니다. 그 내용을 성경을 강해하며 인용했는데 비디오에서는 앞 뒤 설명없이 '목사가 저주하면 가정이 망한다'는 것만을 편집해 실었던 것입니다. 성도들을 불안하게 하고, 목회자가 주님의 자리에 군림하는 것은 하나님이 원하는 참목자의 모습이 아닐뿐 아니라 우리 교회의 모습도 아니므로 잘못된 비디오테잎을 수거하여 다시 편집하기로 했습니다.

우리는 이 작업을 통해서 방송에 잠시 비쳐지는 것이 그 사람의 전부인양 말하고, PD의 의도대로 매도해 버리는 것을 경계해야 말세에 신앙생활을 잘할 수있다는 교훈을 얻습니다. 얼마전에는 금란교회일로 교계가 홍역을 치루더니 이번에는 만민중앙교회 사건으로 세상이 교회를 보는 눈이 곱지 않습니다. 모두들 그 교회 지도자들에게 돌을 던지고 있고, 어떤 이들은 자신들이 잘되는 것보다 더 좋아하는 이도 있습니다. 그러나 우리는 안타까워하면서 기도하고 회개해야 합니다. 그들이 잘못된 상황에서 그토록 성장하도록 비호한 목회자와 정치권 그리고 교회전체가 책임을 느껴야 합니다. 그리고 교회 지도자는 회개하고 성경으로 돌아와야 합니다. 한 목회자의 잘못으로 6만이상의 성도들이 잘못될 수 있다는 것을 알아야 합니다. 이 모든 사건은 말세의 징조입니다. 또 그 많은 성도들이 가정, 사회로부터 받을 냉대와 영육의 갈등을 치료해 주기 위해 교회가 나서야 합니다. 그들은 영혼을 강도 만난 자들입니다. 선한 사마리아인의 마음으로 위하여 기도해야 합니다. 지도자를 잘못 만나 방황하는 만민중앙교회에 속했던 성도들도 하나님께서 아끼심을 믿어야 합니다.

우리는 이 사건을 거울삼아 지도자가 교만하지 않고 세례요한의 정신으로 목회할 수 있도록 기도해 주어야 합니다. 그리고 온 성도들은 영원한 상급을 쌓아가야 합니다.

"지혜 있는 자는 궁창의 빛과 같이 빛날 것이요 많은 사람을 옳은 데로 돌아오게 한 자는 별과 같이 영원토록 비취리라"(단12:3) 는 말씀대로 승리하기를 기도합니다.

12

성도를 향한 사랑의 교훈

"내 형제들아 무엇보다도 맹세하지 말지니 하늘로나 땅으로나 아무 다른 것으로도 맹세하지 말고 오직 너희의 그렇다 하는 것은 그렇다 하고 아니라 하는 것은 아니라 하여 죄 정함을 면하라 너희 중에 고난 당하는 자가 있느냐 저는 기도할 것이요 즐거워하는 자가 있느냐 저는 찬송할지니라 너희 중에 병든 자가 있느냐 저는 교회의 장로들을 청할 것이요 그들은 주의 이름으로 기름을 바르며 위하여 기도할지니라 믿음의 기도는 병 든 자를 구원하리니 주께서 저를 일으키시리라 혹시 죄를 범하였을지라도 사하심을 얻으리라 이러므로 너희 죄를 서로 고하며 병 낫기를 위하여 서로 기도하라 의인의 간구는 역사하는 힘이 많으니라 엘리야는 우리와 성정이 같은 사람이로되 저가 비오지 않기를 간절히 기도한즉 삼 년 육 개월 동안 땅에 비가 아니 오고 다시 기도한즉 하늘이 비를 주고 땅이 열매를 내었느니라 내 형제들아 너희 중에 미혹하여 진리를 떠난 자를 누가 돌아서게 하면 너희가 알 것은 죄인을 미혹한 길에서 돌아서게 하는 자가 그 영혼을 사망에서 구원하며 허다한 죄를 덮을 것이니라" (약 5:12-20)

성도를 향한 사랑의 교훈

여러분 계절의 여왕이라고 불리우는 그 아름다운 오월 마지막 주간을 맞습니다. 길거리를 지나다 보면 장미가 아름다움을 자랑합니다. 우리 교회의 화단에도 빨간 장미가 자기의 화려함을 자랑하고 있습니다. 장미꽃이 없을 때에는 그 장미의 가시의 앙칼진 부분이 무서워서 선뜻 다가서지 못합니다. 그러나 장미가 꽃을 피우게 되니까 성큼 다가서서 만져보고 싶은 충동이 일어납니다. 장미의 날카로운 가시가 빨간 장미꽃의 아름다움에 다 묻혀지고 길 가던 사람의 시선이 머무르고 다가가서 만지고 싶은 충동을 가지게 되는 것을 볼 때, 우리의 이 부패하고 타락한 인간성에도 하나님이 원하시는 성령의 열매를 맺게 되면 많은 사람들이 찾아오고 여러분과 저를 귀하게 여기게 될 줄 믿습니다.

하나님은 그 시대 시대마다 사람을 들어 쓰셨습니다. 그런데 그 시대마다 들어 쓴 사람들을 가만히 보면, 그 당시에 일어났던 사건들에 대해서 늘 바른 처방을 내렸습니다. 환자가 의사를 찾아왔을 때에 그 병이 무엇이냐에 따라서 약을 강하게 쓰기도 하고, 약하게 쓰기도 하며, 주사를 놓기도 하고 또 물리치료를 시키듯이 하나님은 그 때마다 자기

사람을 들어서 그 시대의병을 치료했던 것을 알 수 있습니다.

야고보서는 A.D 60년 경에 하나님이 야고보를 들어서 이스라엘 백성들을 향하여 당부한 말씀입니다. 그들이 다 고향을 떠나고 예루살렘으로부터 다 흩어졌습니다. 쫓겨다니는 신세가 되었습니다. 그러니까 그들을 향하여 하나님은 야고보를 통하여 말씀하시기를 "여러 가지 시험을 만나거든 온전히 기쁘게 여기라"(약 1:2)고 시작하면서 "하나님 앞에서 정결하고 더러움이 없는 경건은 곧 고아와 과부를 그 환난 중에 돌아보고 또 자기를 지켜 세속에 물들지 아니하는 이것이니라"(약 1:27) 그랬습니다. 여러분! 신앙생활 하면서 세속에 물들어 버리면 지금 정치하는 사람과 같이 상대편을 끌어 내리고, 자기에게 유리하게 사건을 조작하게 됩니다.

여러분! 우상 종교인들의 타락은 빨리 드러나지 않습니다. 왜 그럴까요? 그들은 모임에 힘쓰지 않기 때문입니다. 다른 종교도 마찬가지입니다. 그러나 우리 그리스도인들은 모이기에 힘쓰라고 했어요. 그런데 만약 잘못된 사람들이 모임에 들어와 자꾸 모이게 되면 그 모임이 쉽게 타락할 수가 있어요. 그래서 모이기를 힘쓰라고 하는 기독교는 쉽게 타락할 수가 있습니다. 풍성한 사랑의 교제 가운데 세속이 들어와 그 모임을 물들게 하기도 합니다. 우리는 사랑의 교제를 할 때 분별력 있게 해야 합니다. 우리는 성령에 의지하여 세속에 물들지 아니하고 사람을 외모로 취하지 아니하고 날마다 사람을 공평하게 취하고 율법을 지킴으로 범죄자가 되지 않기를 주의 이름으로 축원합니다.

그래서 야고보 사도는 강조합니다. "영혼 없는 몸이 죽은 것같이 행함 없는 믿음은 죽은 것이니라"(약 2:26) 그렇게 말씀하면서 '너희는 말을 조심하라' 고 합니다. 혀를 잘 못 놀리면 저 배가 잘 못 가서 암초에 부딪혀서 침몰하듯이 너희는 침몰하게 된다 그렇게 말하고 있어요.

그리고 "지혜의 온유함으로 그 행함을 많은 사람에게 보일지니라"(약 3:13) 그리고 마음에 독한 시기와 다툼이 있으면 자랑하지 말라 진리를 거슬려 거짓하지 말라 이러한 지혜는 위로부터 내려 온 것이 아니다라고 그랬습니다. 여러분 시기합니까? 다툼이 있습니까? 이것은 위로부터 내려오는 지혜가 아닙니다. 세상적이고 정욕적이고 마귀적인 것입니다.

다툼이 있는 곳에는 요란한 소리가 납니다. 교회에서도 무슨 일을 하다가 다투기도 합니다. 그러나 다투면서 일을 한다면 차라리 그런 일은 하지 마세요. 주의 일을 할 때에는 위에서 내리는 지혜로 하세요. 성결하고 화평하고 관용하고 양순하고 긍휼과 선한 열매가 가득하고 편벽과 거짓이 없는 것과 화평으로 심어 의의 열매(약 3:17)를 거두어야 하나님이 기뻐하십니다. 할렐루야!

야고보 사도 당시에도 시기하는 사람들 때문에 온 교회가 시끌시끌했습니다. 다툼이 일어났습니다. 원망하고 불평하기 시작했습니다. 그것을 보면 그것은 하나님께로부터 온 것이 아니었습니다. 하나님께로부터 온 것은 성결한 것이고 화평한 것이기 때문입니다. 사랑하는 성도 여러분! 무엇보다도 화평을 선택하기를 주의 이름으로 축원합니다. 축원합니다. 교회가 화평해야 합니다. 가정이 화평해야 합니다. 큰 일을 못해도 좋아요. 화평해야 합니다.

성경이 말씀하시기를 "형제들아 주의 강림하실 때까지 길이 참으라 농부가 땅에서 나는 귀한 열매를 바라고 길이 참아 이른 비와 늦은 비를 기다리나니 너희도 길이 참고 마음을 굳게 하라 주의 강림이 가까우심이라"(약 5:7-8) 했습니다. 기다리라 그런 말이 있습니다. 기다림!, 저도 어린 시절에는 명절이 기다려지더라구요. 또 생일이 기다려 질 때가 있습니다. 어릴 때에 명절이 기다려지고, 생일이 기다려지고, 군대

가면 제대 날짜가 기다려져요. 논산 훈련소에서 힘들게 훈련 받을때 '아이구! 빨리 좀 나갔으면' 하고 손꼽아 기다려지더라구요. 학생들은 방학을 기다립니다. 농부는 가을을 기다립니다.

여러분! 우리는 무엇을 가장 기다려야 할까요? 예수 믿는 우리들은 주님 오실 날을 기다려야 됩니다. 예수님 언제 오시겠습니까? 얼마 남지 않았습니다. 지금은 예수님이 오실 때가 가까워졌습니다. 우리는 예수님이 오실 때가 다 되어 가는 줄 알고 깨어 기도하며 이 세상에서 복음 전하면서 충실히 살아야 합니다. 농부가 이른 비와 늦은 비를 기다리면서 가을의 열매를 기다리듯이 성령의 열매 맺기를 힘쓰면서 주님을 기다리는 여러분과 제가되기를 주님 이름으로 축원합니다.

야고보는 또 말합니다. 선지자들로 본을 삼아라 그랬습니다. 여러분 우리가 누구를 본을 삼을까요? 이 땅에 살아 있는 모든 사람은 본 삼을 사람이 없어요. 여러분도 신앙 생활 하는데 온전한 모델은 아닌 것입니다. 예수 그리스도가 우리의 모델입니다. 나도 부족하기 때문에 예수님 닮으려고 노력하고 여러분도 부족하기 때문에 예수님 닮으려고 노력해야 합니다. 그리고 환난이 세상에 오게 될 때에 구약의 선지자들과 사람들이 어떻게 환경을 극복해 나갔는지를 잘 기억하면서 믿음에 승리한 사람들을 닮아서 시대 속에 승자로 살게 되기를 주의 이름으로 축원합니다.

그리고 욥같이 많은 어려움이 올 때 욥의 마지막을 보는 지혜를 가져야 합니다. 욥이 환난을 당할 때에는 아무도 그를 존귀한 자로 보지 않았습니다. 아내까지도 욥을 저주하고 도망가 버리고 말았습니다. 형제들과 친구들도 욥을 조롱해 버렸습니다. 욥은 아무 것도 가진 것이 없었습니다. 그 누구도 욥을 옹호하는 자가 없었습니다. 그러나 다 망한 사람인 줄 알았는데 욥 속에는 생명의 씨가 있었습니다. 그것이 무엇입니까? 하나님을 변함없이 사랑하는 믿음이었습니다. 결국 그 변함없이 사랑하는 그 생명이 하나님의 능력을 자기에게 끌어내렸습니다. 그래서 과거보다 아름답고 얻고 총명한 자녀들을 얻고, 과거보다 많은 재산을 얻고 장수하며 살다가 하나님 앞에 부름을 받아서 간 것입니다. 할렐루야!

그런데 야고보는 5장에서 말씀하시기를 "내 형제들아 맹세하지 말라"(약 5:12) 라고 말합니다. 야고보서를 맺으면서 맹세하지 말라고 말씀한 다음에 고난 당하는 자가 있느냐 기도하라 즐거워하는 자가 있느냐 찬송하라 병든자가 있느냐 장로들을 청하라 그들로 하여금 기도를 받으라(약 5:13-14)라고 말씀합니다. 여기에서 말하는 장로는 목사도 장로고 장로도 장로입니다. 사도 요한도 요한 3서에서 "장로는 사랑하는 가이오 곧 나의 참으로 사랑하는 자에게 편지하노라"(요삼 1:1) 했습니다. 그래서 자기를 장로라고 했습니다. 시무장로도 장로고 목사도 장로입니다. 목사는 가르치는 장로요 시무장로는 또 성도들의 대표로서의 장로입니다. 그렇게 얘길 하면서 "믿음의 기도는 병든 자를 구원하리니 주께서 저를 일으키시리라 혹시 죄를 범하였을지라도 사하심을 얻으리라 이러므로 너희 죄를 서로 고하며 병 낫기를 위하여 서로 기도하라 의인의 간구는 역사 하는 힘이 많으니라"(약 5:15)그렇게 말씀합니다.

그런데 여기에서 엘리야를 등장 시켰는데 갈멜산에서 엘리야가 외롭게 기도했습니다. 바알 선지자들은 450명의 엄청난 인원이 한자리에 모여 가지고 바알이여! '바알이여! 우리에게 불을 내려주소서' 그렇게 기도했습니다. 그런데, 불이 내려 오지 않았습니다. 그러나 하나님의 사람 엘리야가 간절히 기도했습니다. 외롭게 기도했습니다. 여러분! 기도할 때에 바알 선지자처럼 어떤 정치나, 어떤 물질이나, 어떤 환경을 등에 업고 나오는 것을 두려워하지 말고 엘리야처럼 믿음으로 기도하는 것이 위대한 줄 알고 그 길을 선택하게 되기를 주의 이름으로 축원합니다.

왜 맹세하지 말라고 했습니까?

여러분! 쉽게 맹세하다보면 자신이 할 수 있는 이상의 것을 하겠다고 맹세하게 됩니다. 잘 못하다 보면 참람한 죄를 짓게 되는 것입니다. 때로는 자기의 불신실한 믿음을 가지고 남에게 신임을 얻기 위하여 기만한 마음을 가질 수 있기 때문입니다. 그래서 맹세하지 말라는 것입니다.

예수님께서도 마태복음 5장에서 말합니다. "또 옛 사람에게 말한 바 헛맹세를 하지 말고 네 맹세한 것을 주께 지키라 하였다는 것을 너희가 들었으나 나는 너희에게 이르노니 도무지 맹세하지 말지니 하늘로도 말라 이는 하나님의 보좌임이요 땅으로도 말라 이는 하나님의 발등상임이요 예루살렘으로도 말라 이는 큰 임금의 성임이요 네 머리로도 말라 이는 네가 한 터럭도 희고 검게 할 수 없음이라." 헛맹세하지 말고. "옳다 옳다 아니라 아니라 하라 이에서 지나는 것은 악으로 좇아나느니라"(마 5:33-37)라고 성령은 말씀하십니다. 이것 외에 다른 것은 악에서 좇아나는 것이라.고 했습니다. 내일 일을 알지 못하기 때문에 맹세하는 것은 조심해야 됩니다. 우리는 하나님의 뜻대로 주시는 환경에 순종할 뿐이지 어떤 일에 맹세하는 일이 없게 되기를 주의 이름으로 축원합니다.

인생행로에서의 믿음의 행위는 무엇입니까?

인생이 살아가는 과정 속에서 세 가지의 일들이 일어나게 되어 있습니다. 여러분 길을 가다 보면 들이 있고 강이 있고 산이 있습니다. 산을 넘으면 또 산이 있고 강을 건너면 또 강이 있습니다. 또 들을 지나면 또 들이 있습니다. 인생이 살아가다 보면 고난 당할 때가 있고 즐거워할 때가 있고 그 다음에 병들 때가 있습니다. 계속해서 이런 일들이 연속하여 일어 날 수 있습니다. 그래서 야고보는 말하기를 고난 당하는 자가 있느냐? 즐거워하는 자가 있느냐? 병든 자가 있느냐? 세 가지를 말씀하고 있습니다.

여러분! 지혜로운 자는 떠날 때 떠날 줄 아는 사람입니다. 지혜로운 사람은 울 때 울 줄 아는 사람이요, 웃을 때 웃을 줄 아는 사람입니다. 사람을 사랑할 때에 사랑할 줄도 알고, 존경할 사람을 존경할 줄도 알고, 멀리해야 할 사람을 멀리 할 줄도 아는 지혜가 성도들에게 있어야 합니다. 여러분! 어떤 사람들을 보면 천년 만년 살 것처럼 자기의 요새를 만들어 놓는 사람들을 봅니다. 저는 보면서 '참 헛고생 한다' 이렇게 생각합니다. 여러분! 이 땅은 오래 머무는 땅이 아닙니다. 떠날 수 있는 사람은 떠날 준비를 하면서 사는 사람이 지혜로운 사람입니다. 여러분! 신앙생활은 자신이 처해 있는 환경에 따라 여러 가지 방법을 취하게 됩니다. 희락이 가고 고난이 올 때 우리는 우울해 지기 쉽습니다. 그러나 하나님은 기도하고 능력을 받아서 우울한 것 대신에 고난 당할 때 즐거워 하라고 말씀합니다. 따라합시다. '기도하자.' 할렐루야! 기도가 필요합니다.

다니엘이라는 믿음의 사람에게도 고난이 왔어요. 그때마다 기도했습니다. 다윗이라는 왕에게도 고난이 왔어요. 기도했습니다. 엘리야라고 하는 사람에게도 고난이 왔습니다. 지금 죽게 되어 있어요. 갈멜산에서 만약에 바알의 제단에 불이 내려 왔으면 거기에서 엘리야는 가차없이 목이 잘렸을 것입니다. 그 고난 속에서 하나님을 향하여 기도 드렸어요. 다니엘도 사자 굴에 들어가기 전에도 기도했어요. 예수님도 십자가 지기 전에 기도했습니다. 주기철 목사님도 잡혀가시기 전에 기도했다고 합니다. '하나님! 나를 붙들어 주세요'.

여러분! 제가 경험 해 보니까 고난 당할 때 보다 좋을 때가 문제더라구요. 참 문제에요. 방종하기 쉬워요. 여러분! 가난할 때는 주일날 예배를 드리는데 자동차라도 하나 사면 주일을 지키지 않습니다. 갈 데가 많거든요. 환경이 좋아버리면 신앙을 떠나기 쉽고, 방종해 버리기 쉽고, 그리고 타락하고 교만해지기 쉽습니다. 좋은 환경이 오면 '우리 집들이 한다' '우리 모여 파티하자' 그것보다는 먼저 하나님께 영광을 돌리는 지혜를 가지시기를 주님의 이름으로 축원합니다.

제일 무서운 것이 무엇입니까? 안정입니다. '나는 이제 됐다. 나는 이 정도 하면 위치가 굳혀졌어. 이 정도 하면 평생 먹고 살 수 있어'라고 생각할 때가 가장 문제에요. 그래서 성경은 "즐거워하는 자가 있느냐 찬송하라"고 말합니다. 찬송하라는 말은 하나님께 날마다 영광을 돌리라는 말입니다.

오늘 또 보니까 병들 때에는 교회의 지도자를 불러 심방을 요청할 수가 있고, 찾아가서 기도를 받을 수 있다고 했습니다. 이 말은 교회의 신유의 능력을 인정하는 것입니다. 지도자들이 예수 그리스도의 이름으로 기름을 부은 그 사람들에게 신유의 능력이 나타나는 것을 인정하는 말이에요. "믿음의 기도는 병든 자를 구원하리니 주께서 저를 일으키시리라 혹시 죄를 범하였을지라도 사하심을 얻으리라"(약 5:15) 예수님 당시에도 예수님이 산에서 기도하고 내려오실 때에 한 문둥병자가 나가서 "주님 원하시면 나를 깨끗케 하실 수 있나이다." 그러니까 주님이 말씀하시기를 "원하노니 깨끗함을 받으라"(마 8:3) 그랬습니다. 깨꿋해졌습니다. 중풍 병자가 누워 있는데 여러 사람들이 그 사람을 데리고 갔습니다. 그럴 때 예수님께서 저희의 믿음을 보시고 중풍 병자를 치료해 주셔서 걸어가게 만들었습니다(마 9:2-5). 병 낫는 것은 개인의 기도도 필요하고 배후의 기도도 필요합니다.

우리는 자기의 힘으로 도저히 감당할 수 없을 때에는 지도자에게 와서 기도를 받아야 합니다. 이 기도는 믿음의 기도입니다. 의인은 한번이라도 죄를 범하지 않는 사람을 지칭하는 말이 아닙니다. 죄를 많이 범한 우리들이 예수그리스도를 영접한 다음에 회개하고 믿음으로 사는 사람이 의인인 것입니다. 죄는 모든 사람에게 다 있어요. 여러분도 있고, 저도 있고 다 있습니다. 그러나 예수 그리스도를 믿고 회개하면 의인이에요.

엘리야는 어떤 사람이었습니까?

엘리야라고 하는 사람을 소개합니다. 엘리야는 우리와 똑같은 사람인데 비오지 않기를 기도할 때에 비를 주지 않고 비오기를 기도할 때에 비를 주었습니다. 기도는 특정한 사람에게만 이루어지는 것이 아닙니다. 특별한 사람만 기도의 응답을 받는 것으로 오해할 수도 있잖아요. 그러나 우리의 모든 사람의 기도가 다 하나님 앞에 응답 받을 수 있다는 것입니다. 믿습니까?

여러분이 골방에서 기도하면 하나님이 그 기도를 들으시고 교회에서 기도하면 교회에서 기도하는 그것을 들으십니다. 엘리야의 기도를 들으시는 하나님은 여러분의 기도도 들으십니다. 할렐루야! 항상 기도하라고 했습니다. 생활의 기도를 하는 것입니다. 말씀을 묵상하고 하나님의 뜻을 찾아가는 것입니다. 엘리야는 기도할 때에 자기의 권위를 세우고 자기를 위하여 기도한 것보다도 '하나님이여 하나님의 살아 계심이 저 이스라엘에게 나타나게 해 주시고 우리 민족에게 나타나게 하시고 지금 비를 내려 가지고 많은 사람들이 어려움을 당하고 있는데 저들의 허기짐을 면하게 해 주세요. 저 땅에 새싹이 돋아나게 해 주세요.'라고 기도했습니다.

여러분! 우리는 기도할 때, 나라와 민족을 위하여 기도하고 다음에 자신들을 위해 기도하게 되기를 주의 이름으로 축원합니다. 우리가 살아가는 과정 동안에 기도할 일, 찬송할 일, 그리고 지도자에게 찾아가서 기도 받고 함께 심방 하는 그 일이 우리에게 있다는 것입니다. 그러면서 제일 마지막에 하신 말씀이 "네 형제들아 너희 중에 미혹하여 진리를 떠난 자를 누가 돌아서게 하면"(약 5:19) 그랬습니다. 그러면 믿는 사람들 가운데도 미혹을 받아서 세상에 마귀의 미혹을 받아서 진리를 떠나는 사람이 있을 수 있다는 것입니다. 그러한 사람들을 돌아오게 해야 합니다. 그런 사람이 돌아오면 "너희가 알 것은 죄인을 미혹한 길에서 돌아서게 하는 자가 그 영혼을 사망에서 구원하며 허다한 죄를 덮을 것이니라"(약 5:20)말했습니다. 여러분! 예수 믿다가 타락하고 예수 믿다가 시험받은 사람을 위하여 기도하고 다 교회 나와서 하나님 앞에 바로 서 축복 받게 하는 영혼을 사망에서 구원하는 그런 운동을 중단하지 않게 되길 주의 이름으로 축원합니다.

그래서 우리가 신앙생활 하면서 기도하고 찬송하는 것 그리고 교역자와의 관계를 잘 맺는 이 세 가지 일을 잘하시고 원망하지 말고 화평하는 교회, 화평하는 가정, 화평하는 성도들의 관계가 되기를 주의 이름으로 축원합니다.

군포시노인복지회관 개관 1주년을 맞으며

지난해 5월 이후 오늘까지를 돌아보니 조금도 의심할 수 없는 살아계신 하나님의 역사에 더욱 믿음이 생깁니다. 수고와 헌신으로 건축한 예배당에 입당하면서 노인복지회관 위탁운영에 들어갔을 때, 국가적으로는 민족의 아픔으로 기록될 IMF로 기업들이 도산하고 실직자들이 늘어가고 있었습니다. 이러한 현실속에서 예배당 건축후 남은 부채의 이자와 복지관경비의 30%를 충당하는 것은 너무나 힘든 일이었습니다.

그러나 하나님은 우리의 기도를 들어주셔서 별 무리없이 지나오게 하셨습니다. 바다를 항해하는 배가 물살을 가르며 조용히 움직이는 것 같지만 우리의 눈에 보이지 않는 곳, 기관실과 물 속에 있는 스크류의 몸부림이 있어야만 하듯이 부흥과 복지관 운영을 위한 기도와 고통이 있었음을 다른 교회 성도들은 알지 못할 것입니다. 모든 분들이 제일교회는 교회가 해야될 일을 한다고 합니다. 또 부흥이 잘 되고 성도들이 복을 받고 있다고 합니다. 그러나 그 평가를 받고 복의 열매를 거두기까지는 온 성도들의 순종과 영혼 사랑의 실천이 있었습니다. "사람이 무엇을 심든지 그대로 거두리라" 했습니다.

오늘 군포시노인복지회관 위탁운영 1주년을 맞아 이 일을 위해 후원하신 분들과 온 성도들에게 하나님의 돌보심이 더욱 있기를 소원합니다. 작년 한해 복지관으로 투입된 금액은 9,800여만원이었습니다. 올해는 2억 가까운 금액을 성민원에서 지출해야 합4求   교회 예산의 1/10은 사회복지를 위해 사용한다는 결의, 그리고 매월 어린이 삼천원 학생 오천원 장년 만원의 복지연보를 통해 잘 운영될 것입니다. 주는 자가 복이 있다는 말씀을 생활화 하는 성도들의 아름다운 삶은 군포의 65세 이상 약 일만명의 노인들이 양질의 복지혜택을 받게 하고 있습니다. 한 어른은 '천국과 같다'는 표현을 하고 어떤 분은 '이젠 나도 올 곳이 있어 행복하다'고 합니다. 1년이 지난 오늘 복지관을 이용하는 고정회원은 1천 4백명 정도이고 매일 3백명 이상의 급식혜택을 받고 있습니다. 그러므로 건강도 좋아졌습니다. 또 예배가 드려짐으로 영육의 복지혜택을 받는 이도 있습니다.

사랑하는 성도 여러분, 우리 교회는 작은 힘이지만 최선을 다함으로 사랑실천하는 세계모델교회를 만들어 가고 있습니다. 여러분의 노년은 매우 아름다워질 것입니다. 하나님은 우리의 수고에 대한 보상을 천배, 만배로 갚아주실 것입니다. 한 가지 부탁은 성전건축을 위해 서원한 것과 복지후원에 전원 참여합시다.

봄동산의 씨 뿌리는 수고와 여름에 김매며 흘리는 땀의 결실이 가을의 열매로 나타나듯, 사회복지의 열매는 하나님께 영광으로, 우리와 후손에게는 축복으로 꼭 다가올 것입니다.할렐루야, 영광을 하나님께 돌립니다.

열매를 보면
지혜를 안다

1999년 9월 3일 · 초판 발행

지은이 · 권태진
펴낸곳 · 도서출판 성빛

등록번호 · 제96-21호
주소 · 경기도 군포시 금정동 870-10호
전화 · 0343) 397-6754
팩스 · 0343) 397-9241

＊ 저자와의 협의로 인지 생략합니다. ＊ 잘못된 책은 바꾸어 드리며, 책값은 뒤표지에 있습니다.